Heidi Rogner

# Mischlings-hunde

Haltung

Erziehung

Pflege

Erste Hilfe

## Quick Info



## Was ist ein Mischling?



## Ein aufregender Tag: Der Neue ist da!



## Auf die Verständigung kommt es an

## Artgerecht ernähren, richtig pflegen



## Rund um die Gesundheit

## Kinder Spezial



## Serviceseiten

# Auf die Mischung kommt es an

Ein Mischlingswelpe ist voller Überraschungen. Das Fellbündel kann sich zu einem »Wachhund«, »Jagdhund« oder »Hütehund« entwickeln.

*Jeder Mischlingshund ist einmalig in Größe und Aussehen.*

## Wie groß wird der Hund?

Mischlinge gibt es in allen Größen, vom Zwerg bis zum Riesen. Die Endgröße des Hundes sollte man bei der Auswahl des Welpen schon mit berücksichtigen, sonst erlebt man später eine große Überraschung. Zum einen kann man von den Elterntieren auf die zu erwartende Größe schließen oder man fragt eine fachkundige Person dazu. Sie sollten in jedem Fall den Hund kräftemäßig auch ausgewachsen beherrschen können.

## Das Verhalten des Hundes in Stichworten

| | |
|---|---|
| Lebensweise | Hunde sind von Natur aus gesellige Tiere, die in einer sozialen Gemeinschaft, dem Rudel, leben. |
| Rangordnung | Das Hunderudel ist hierarchisch organisiert, mit einem Rudelchef als Leittier. Auch von seinem menschlichen Rudelchef verlangt der Hund Führungsqualitäten. Dann ordnet er sich auch freudig unter. |
| Beutetrieb | Der Hund stammt vom Wolf ab und der Trieb, Beute zu machen, steckt noch in jedem Hund. Einkreisen, Hetzen, Festhalten und «Totschütteln" kann man häufig im Alltagsleben, oft beim Spiel, beobachten. |
| Bewegungsdrang | Hunde sind Lauftiere, die ausreichend Bewegung brauchen. Mindestens 1 1/2 – 2 Stunden muss man für Spaziergänge einrechnen. |

## Integrierbarkeit in der Familie

Als Familienhunde eignen sich am besten Hunde, die eine hohe Reizschwelle und ein ausgeglichenes Temperament haben. Sehr sensible Hunde fühlen sich zu leicht bedrängt und Hunde mit niedriger Reizschwelle neigen schnell zu Überreaktionen.

# Darauf müssen Sie sich einstellen

| | |
|---|---|
| Ihr Hund ist nicht gern allein → | Nicht länger als 4 Stunden allein lassen, Welpen maximal 2 Stunden |
| Er will auch im Urlaub dabei sein → | Alternative: private Betreuung durch Freunde oder sehr gute Hundepension |
| Kein Hund wird als Traumhund oder beißende Bestie geboren → | Im ersten Jahr müssen Sie viel Zeit und Interesse in artgerechte Aufzucht und Erziehung investieren |
| Ihr Hund möchte in Ihnen einen Rudelchef finden → | Wenn Sie anerkannt werden wollen, müssen Sie konsequent sein können |
| Hunde lieben Gesellschaft und Artgenossen → | Zum artgerechten Leben braucht er regelmäßig Kontakt zu anderen Hunden |
| Ihr Mischling kann 10–15 Jahre alt werden → | Für diesen Zeitraum müssen Sie ihn in Ihre Lebensplanung mit einbeziehen |

*Zu einem glücklichen Hundeleben gehören Kontakte zu Artgenossen.*

# Wie gehe ich richtig mit meinem Hund um?

Junge Hunde haben andere Bedürfnisse als ausgewachsene oder alte Hunde. Ernährung, Bewegung und Erziehung müssen altersgerecht aufeinander abgestimmt sein, damit Ihr Hund optimal gedeihen kann.

## Das braucht Ihr Welpe (0–4 Monate)

**Füttern:** Füttern Sie 4-mal täglich kleine Portionen. Im Handel gibt es Fertigfutterprodukte speziell für Welpen (siehe Seite 42 ff.).

**Auslauf:** Machen Sie mit Ihrem Welpen täglich mehrere kleine Spaziergänge, sobald er den vollständigen Impfschutz hat (ca. 15, maximal 30 Minuten). Lassen Sie den Kleinen dabei ausreichend schnuppern.

**Prägespiele:** Schaffen Sie ausreichend Spielmöglichkeiten mit Artgenossen. Wichtig sind auch Kontakte zu anderen Tieren und zu Menschen.

**Tierarzt:** Wichtig sind eine gründliche Allgemeinuntersuchung, Entwurmung und Wiederholungsentwurmung sowie Impfung und Wiederholungsimpfung (siehe Seite 50 ff.).

**Verbote:** Noch nicht erlaubt sind Treppensteigen, Laufen am Fahrrad, Sprünge über Hindernisse, zu lange Spaziergänge.

*Das ist der Beginn einer wunderbaren Freundschaft.*

## Das braucht Ihr Junghund (5–12 Monate)

**Füttern:** Gehen Sie auf 2-mal tägliches Füttern und bieten Sie zum Gebisswechsel harte Kauknochen an.

**Auslauf:** Machen Sie täglich mehrere Spaziergänge. Mit einem halben Jahr kann der Junghund schon 1 Stunde laufen.

**Prägespiele:** Wichtig bleibt der Kontakt zu Artgenossen ebenso wie zu anderen Tieren und zu Menschen. Der Junghund ist sozusagen ein »Halbstarker« und muss im Spiel noch viel für ein sozial angepasstes Verhalten lernen.

**Lernen:** Besonders im ersten halben Jahr durchläuft der Hund sensible Entwicklungsphasen, die später niemals vollständig nachgeholt werden können. Der Junghund lernt jetzt am besten das gesittete Laufen an der Leine und alle weiteren Grundkommandos, wie »Hier!« »Sitz!« »Platz!« »Bleib!« »Aus«. Fahren mit öffentlichen Verkehrsmitteln und Spaziergänge in der Stadt sollten ebenfalls auf dem Lernprogramm stehen (siehe Seite 26ff.).

**Tierarzt:** Neben der Allgemeinuntersuchung muss die Zahnentwicklung kontrolliert werden. Mit 12–18 Monaten kann man große Hunde auf Hüftgelenksdysplasie (HD) untersuchen lassen (siehe Seite 50ff.).

**Verbote:** Besonders große Hunde sind mit 1 Jahr noch nicht voll ausgewachsen und deshalb auch nicht zu stark zu belasten, sei es beim Hundesport, beim Laufen am Fahrrad, o. Ä. Nach dem Fressen sollte der Hund Ruhe haben. Gerade bei großen Hunden besteht die Gefahr der Magendrehung (siehe Seite 40).

*Kauknochen machen Spaß und dienen der Zahnpflege.*

## Das braucht Ihr erwachsener Hund (1–6 Jahre)

**Füttern:** Es gibt eine Haupt- und eine Nebenmahlzeit. Stellen Sie den Hund auf Fertigfutter für erwachsene Hunde um. Vermeiden Sie Überfütterung und geben Sie Ihrem Hund regelmäßig Kauknochen (siehe Seite 42 ff.).

**Auslauf:** Es reichen jetzt 2 Spaziergänge täglich von mindestens 1 Stunde Dauer und abends eine kurze Runde zum Lösen. Auch längere Spaziergänge von mehreren Stunden sind für einen normal großen Hund kein Problem. Bei richtigem Training und entsprechender Statur kann der Hund auch am Fahrrad mitlaufen. Der Hund sollte Ihnen aber im Trab folgen können und zwischendurch auch mal Zeit für seine »Geschäfte« haben.

**Lernen:** Auch erwachsene Hunde können Neues dazulernen. Außerdem muss das Gelernte weiterhin im Alltag geübt und angewendet und von Ihnen auch konsequent eingefordert werden.

**Tierarzt:** 1-mal jährlich sind nun die gründliche Allgemeinuntersuchung, Impfungen und Zahnkontrolle fällig. Entwurmt wird 2-mal. Eventuell erfolgt eine zweite HD-Kontrolle, wenn der Hund vollständig ausgewachsen ist (siehe Seite 50 ff.).

**Verbote:** Toben und längere Spaziergänge nach dem Fressen bleiben tabu.

*Die Spielstunde gehört zum täglichen Programm.*

## Das braucht Ihr älterer Hund

**Füttern:** Jetzt sind wieder kleinere Portionen, verteilt auf 3-mal täglich, angesagt. Im Handel gibt es spezielles Seniorfutter. Solange das Gebiss hält, dürfen Sie auch Kauknochen verfüttern. Achten Sie darauf, dass Ihr Oldie eine gute Figur macht. Unnötige Pfunde machen ihm das Leben schwerer und kürzer (siehe Seite 42 f.).

**Auslauf:** Je nach Gesundheitszustand des Hundes sind weiterhin 2-mal täglich einstündige Spaziergänge sinnvoll, allerdings darf es ruhig etwas langsamer gehen. Wer noch fit ist, darf natürlich auch länger unterwegs sein. Bedenken Sie, dass Hitze ältere Hunde mehr belastet als junge.

**Lernen:** Wiederholen Sie regelmäßig alles bisher Gelernte und fordern Sie Ihren Hund z. B. mit Apportieraufgaben. Wer im Training bleibt, hält sich körperlich und geistig länger fit. Bei sehr alten Hunden macht sich oft auch ein gewisser Altersstarrsinn bemerkbar.

**Tierarzt:** 2-mal jährlich sollten Sie Ihren Hund jetzt gründlich untersuchen lassen. Neben Impfung, Entwurmung und Zahnkontrolle sind Augen- und Blutuntersuchung sowie Kot- und Urinkontrolle empfehlenswert (siehe Seite 50 ff.).

*Gönnen Sie einem älteren Hund die verdienten Ruhepausen.*

# Was ist ein Mischling?

**Mischlinge sind »Zufallsprodukte« entweder aus 2 Rassehunden, einem Rassehund und einem Mischling oder die Kombination zweier Mischlingshunde. Bei ihnen vereinigen sich verschiedene Erbanlagen und dadurch bedingt auch unterschiedliche Fähigkeiten. Die Hunde sind oft sehr anpassungs- und lernfähig.**

*Mischlinge sehen oft einem Elternteil besonders ähnlich. Bei dem Kleinen gehört sicherlich ein Rauhaardackel zur Familie.*

Die Haustierwerdung (Domestikation) vom Wolf zum Hund begann vor ca. 20 000 Jahren. Ab dem Mittelalter begann man mit der systematischen Zucht. Verschiedene Hundetypen entwickelten sich, je nach Verwendungszweck für den Menschen. So gab es Jagdhunde, Hof- und Wachhunde, Hirtenhunde und Schoßhunde als reine Gesellschafter.

## Die moderne Hundezucht

Erst im 19. Jahrhundert begann die eigentliche Rassehundezucht, ausgehend von England, wo 1859 die erste Hundeausstellung stattfand. Ortsübliche Hunde eines Typs wurden zu »Rassen« ernannt und »Rassestandards« aufgestellt. Es wurde auch unter den neuen Rassen hin- und hergekreuzt, um die Hunde zu »veredeln«. Letzteres erfolgte auch noch in unserer Zeit. So ist der Eurasier eine Mischung aus Chow Chow, Samojede und Wolfspitz und wurde erst 1960 als Rasse anerkannt. Bei genauerer Betrachtung gehen alle Hunde auf Mischungen zurück, nur werden die einen heutzutage als »Adlige« gehandelt und die anderen als »Mischlinge«. Sie haben einen großen Vorteil: Von Erbkrankheiten, die bei Rassehunden durch starke Inzucht bedingt sind, bleiben Mischlinge meistens verschont.

# Die Qual der Wahl

Je nach Mischung kann die Entscheidung, ob Hündin oder Rüde, weit mehr sein als reine Geschmacksache. So sind beispielsweise bei Abkömmlingen schutztriebstarker Rassen, wie Rottweiler oder Hirtenhundmischlinge, oder auch bei Mischungen so genannter »Kampfhunde« Unterschiede zwischen den Geschlechtern stärker ausgeprägt als etwa bei Mischlingen aus Lauf- oder Gesellschaftshunden, die von Haus aus sehr friedfertig sind.

**TIPP** Rüden heben an allen möglichen und unmöglichen Stellen ihr Bein, um ihre Duftmarke zu hinterlassen. Als Rudelchef müssen Sie ihm dieses Privileg nicht ständig einräumen. Bei der Auswahl der Stellen sollten Sie ruhig mitentscheiden und bei weniger geeigneten Stellen, wie Hauseingänge usw., den Hund vom Markieren abhalten.

## Der Rüde

Im Allgemeinen sind Rüden immer etwas imposanter und größer als das weibliche Gegenstück. Besonders dominant veranlagte Rüden fordern von ihren Besitzern ein gutes Durchsetzungsvermögen und Konsequenz, wenn sie sich unterordnen sollen. Oft sind Hündinnen dazu eher bereit als Rüden. Natürlich gibt es auch selbstbewusste und dominant veranlagte Hündinnen und leicht zu lenkende Rüden. Letztendlich hängt das Wesen von der individuellen Veranlagung ab, die man bei der Auswahl des Hundes berücksichtigen sollte.

Beachten Sie bei der Auswahl Ihres neuen Partners, dass er auch vom Wesen her zu Ihnen passt. Leicht erregbare Hunde sind nichts für nervöse Menschen und sensible Hunde fühlen sich durch laute, gestenreiche Menschen schnell bedroht. Abkömmlinge von selbstständig arbeitenden Herdenschutzhunden oder selbstständig jagenden Hunden entscheiden gerne selbst, was sie tun möchten, und sind schwer zu erziehen.

Im Gegensatz zur Hündin ist der Rüde das ganze Jahr fortpflanzungsbereit, wenn er den Geruch einer läufigen Hündin wahrnimmt. Das Zusammenleben mit einem »verliebten« Rüden kann sehr nervenaufreibend sein, wenn er heult, nicht mehr frisst und nur von dem Gedanken beseelt ist, zu seiner »Geliebten« zu kommen.

Bei der Wahl des Geschlechts sollte man eventuell auch berücksichtigen, welche Hunde schon in der direkten Nachbarschaft leben. Sind es überwiegend Rüden und sind darunter auch bekanntermaßen rauflustige Kameraden, hat man es mit einer Hündin wahrscheinlich leichter. Die Probleme beschränken sich dann auf die Läufigkeitsphase.

## Die Hündin

Hündinnen unterliegen zyklisch bedingten hormonalen Schwankungen und werden zweimal im Jahr läufig. In dieser Zeit muss der Besitzer darauf achten, dass die paarungsbereite Hündin nicht gedeckt wird und unerwünschten Nachwuchs bekommt.

Zu Beginn der Läufigkeit blutet die Hündin. Um Verunreinigungen zu vermeiden, kann man ihr ein spezielles Höschen anziehen, das im Fachhandel erhältlich ist. Eventuell findet sich eine Schar liebestoller Rüden vor der Haustür ein. Nach der Läufigkeit werden Hündinnen in unterschiedlichem Umfang scheinträchtig. Einige sind nur etwas ruhiger als gewöhnlich, andere zeigen alle Anzeichen einer richtigen Trächtigkeit mit anschließender Scheinmutterschaft. Sie bemuttern dann oft ein Spielzeug als Welpenersatz.

Im Allgemeinen sind Hündinnen weniger rauflustig als Rüden, obwohl es auch Ausnahmen gibt. Geraten allerdings einmal zwei verfeindete Hündinnen aneinander, so kämpfen sie manchmal heftiger als Rüden, denen oft die Schau wichtiger ist.

**Wichtig**

**Es ist ein Vorurteil, dass Hündinnen anhänglicher und verschmuster als Rüden sind. Rüden gehen eine genauso innige Beziehung zu ihrem Halter ein wie Hündinnen.**

*Beim Spielen erkennt man dominante Hunde und unterwürfige, die sich hinlegen und ergeben.*

## Lang- oder kurzhaarig?

**INFO**

Manche Hunde haaren im Frühjahr besonders stark, weil sie in wenigen Wochen ihr Fell erneuern und nicht wie andere ständig. Da helfen nur tägliches Kämmen und Bürsten und ein guter Staubsauger.

Von der Fellbeschaffenheit hängt maßgeblich der Aufwand ab, den der Hund braucht, um sauber und gepflegt auszusehen. Des Weiteren ist es vom Fell abhängig , wie viel Schmutz der Hund ins Haus schleppt und wie stark er haart. Sauberkeitsfanatikern sei geraten, sich die Anschaffung eines Hundes gut zu überlegen.

- Kurzhaarige und stockhaarige Hunde (Schäferhund-, Labradormischlinge) sind sehr pflegeleicht und leicht sauber zu halten, aber sie haaren ständig und die kurzen Haare bohren sich in Teppichen und Polstern fest.
- Langhaarige Hunde (Bearded Collie-, Briardmischlinge) sind sehr pflegeaufwändig und bringen viel Schmutz mit in die Wohnung, aber sie haaren weniger und die langen Haare lassen sich gut entfernen.
- Zottharige Hunde (Pudel-, Bobtailmischlinge) sind sehr pflegeintensiv und tragen viel Schmutz ins Haus. Man kann das Haar durch Scheren kürzen lassen. Sie haaren fast gar nicht.

*Leben Kinder in der Familie, sollte der erwachsene Hund bereits Kontakt mit Kids gehabt haben.*

- Rauhaarige Hunde (Terrier-, Schnauzermischlinge) benötigen wenig Fellpflege. Ein natürlicher Haarwechsel findet nicht statt. Überreifes Haar fällt allmählich aus oder kann abgetrimmt werden. Sie haaren nur wenig.

## Welpe oder erwachsener Hund?

Es ist sicherlich ein sehr schönes Erlebnis, einen Welpen aufwachsen zu sehen. Allerdings braucht man im ersten Jahr viel Zeit, um aus dem Kleinen einen gut sozialisierten und wohl erzogenen Hausgenossen zu machen.

Generell ist das Wesen eines erwachsenen Hundes nicht mehr so flexibel, aber auch ein älterer Hund kann noch viel dazulernen, wenn man sich ausreichend mit ihm befasst. Gewöhnlich ist ein erwachsener Hund jedoch nicht so »anstrengend« wie ein Welpe. Während der Eingewöhnungsphase muss man sich für einen ausgewachsenen Hund viel Zeit nehmen, um ihm die Umstellung zu erleichtern und um eine Vertrauensbasis zu ihm aufzubauen.

**WICHTIG**

**Ältere Hunde haben oft eine für sie schmerzliche Trennung von ihrem Besitzer hinter sich. Sie entwickeln sich in ihrer neuen Umgebung oft sehr positiv, weil sie richtig dankbar sind, wieder ein liebevolles Zuhause zu haben.**

*Wachsen Hund und Kind miteinander auf, gibt es selten Probleme bei der Verständigung.*

# Wo kommt man auf den Hund?

**TIPP** Bei Hundehändlern kauft man am besten keinen Hund. Oft werden dort Welpen auf viel zu engem Raum nicht artgerecht gehalten. Sowohl der Gesundheitszustand wie auch die Verhaltensentwicklung lassen unter solchen Bedingungen zu wünschen übrig. Abgesehen davon: Mit jedem Kauf unterstützt man auch noch solche Machenschaften.

**WICHTIG**

Ein gesunder Welpe fühlt sich fleischig und wohl genährt an, seine Augen sind klar, die Nase kühl und feucht, ohne Anzeichen von Ausfluss. Das Fell sollte sauber und ungezieferfrei sein. Außerhalb der Schlafphasen muss sich der Welpe munter und verspielt zeigen.

Es gibt zahlreiche Wege, einen Mischlingshund zu finden. Ob Sie nun in Kleinanzeigen schauen, in ein Tierheim gehen oder über Bekannte zu Ihrem Hund kommen – letztendlich müssen Sie selbst entscheiden, ob dies der richtige Gefährte für Sie und Ihre Familie ist.

## Aus privater Hand

Die Übernahme aus privater Hand bietet einige Vorteile. Bei einem Welpen können Sie sehen, unter welchen Bedingungen er bisher gelebt hat. Das ist für seine weitere Entwicklung sehr wichtig. Außerdem können Sie das Muttertier und vielleicht auch den Vater kennen lernen und dadurch einige Informationen zum späteren Wesen und Aussehen des Welpen sammeln.

Beim erwachsenen Hund können Sie beobachten, wie er sich in seinem bisherigen Umfeld verhält und welche Beziehung er zum Menschen hat. Bei einem Spaziergang erfahren Sie noch mehr über sein Verhalten und den derzeitigen Stand seiner Erziehung.

Fragen Sie auf jeden Fall die Vorbesitzer, warum sie sich von dem Hund trennen wollen.

## Aus dem Tierheim

Hier warten immer abgeschobene und ausgesetzte Hunde auf ein neues Frauchen oder Herrchen. Trotz aller Emotionen sollten Sie nicht unüberlegt handeln. Schauen Sie sich in Ruhe die Hunde an und reden Sie mit den Pflegern, welcher Hund für Sie in Frage kommt. Lassen Sie sich den Hund auf jeden Fall außerhalb des Zwingers zeigen, um mehr über ihn zu erfahren.

Auch über den Gesundheitszustand der Hunde können die Pfleger Auskunft erteilen. Im Allgemeinen werden die Hunde tierärztlich versorgt und geimpft abgegeben. In jedem Tierheim befinden sich Hunde, die »pflegeleicht« sind, und solche, die man als Problemhunde bezeichnen muss. Gerade für den Anfänger ist es ratsam, einen Hund ohne gravierende Verhaltensstörungen zu nehmen. Dann sind die Chancen auf eine harmonische Partnerschaft am größten. Machen

Sie sich die Entscheidung nicht leicht, denn es ist letztendlich am wenigsten dem Hund geholfen, wenn er nach ein paar Tagen oder Wochen wieder zurückgegeben wird.

## »Urlaubsbekanntschaften«

Vielleicht kommen Sie ungewollt »auf den Hund«, weil Ihnen einer zuläuft. In diesem Fall informieren Sie das zuständige Tierheim, damit der Besitzer die Möglichkeit hat, seinen Hund wiederzubekommen.

So manch einer hat während des Urlaubs, vor allem in südeuropäischen Ländern, Freundschaft mit einem der zahlreichen herrenlosen Mischlingshunde geschlossen und überlegt, diesen mit nach Hause zu nehmen.

Bei der Umsiedlung eines erwachsenen Hundes sollten Sie stets seine vorherigen Lebensgewohnheiten berücksichtigen und prüfen. Eingesperrtsein, Alleinsein und Langeweile kennen diese Hunde nicht und man muss schon ausreichend Zeit für sie haben. Bei Flugreisen klären Sie alles Weitere mit der Fluggesellschaft ab.

### Achtung

**Für die Einreise nach Deutschland, Österreich und in die Schweiz müssen die vierbeinigen Urlaubsbekanntschaften – wenn sie über 3 Monate alt sind – eine Tollwutschutzimpfung haben, die wenigstens 30 Tage alt sein muss, aber nicht älter als 1 Jahr sein darf.**

*In den zahlreichen Tierheimen leben viele Tausend Hunde, die auf ein neues Zuhause warten.*

# Ein aufregender Tag: Der Neue ist da!

**Ob Welpe oder erwachsener Hund, die Ankunft im neuen Zuhause ist für den Vierbeiner eine spannende Angelegenheit. Und nicht nur für ihn. Vermeiden Sie in den ersten zwei Wochen Besucherrummel und Hektik, damit sich der Hund in Ruhe an die unbekannten Menschen und die fremde Umgebung gewöhnen kann.**

*Hundes haben es am liebsten, wenn alle Familienmitglieder beisammen sind – beim Ausflug ins Grüne und auch zu Hause.*

Bevor ein Welpe einzieht, sollten Sie Ihre Wohnung kritisch auf mögliche Gefahrenquellen untersuchen, wie zum Beispiel lose Elektrokabel oder Ähnliches. Verstecken Sie die Strippen! Packen Sie auch Schuhe, Handtaschen, Handschuhe, Körbe, Sofakissen usw. weg, denn junge Hunde sehen alles als Spielzeug an und kauen genüsslich daran herum. Sie schützen auf diese Weise nicht nur Ihre Sachen, sondern auch den Hund. Denn nicht immer bekommt ihm, was sich da so herrlich zerbeißen lässt.

## Aller Anfang ist schwer

Gemeinsame Tätigkeiten, wie spielen, füttern, pflegen, erziehen und natürlich spazieren gehen, fördern die gute Mensch-Hund-Beziehung und erleichtern sowohl dem jungen als auch dem erwachsenen Hund die Integration in sein neues Rudel. Beim Welpen wechseln sich Schlaf- und Aktivitätszeiten noch schnell ab, worauf man eingehen muss. Lange Spaziergänge überfordern ihn, da sein Bewegungsapparat noch nicht ausgereift ist. Nächtliches Alleinsein führt bei vielen Neuankömmlingen zu Verlassenheitsängsten, das sich in lautem Wehklagen ausdrückt. Vorbeugend kann man den Hund mit ins Schlafzimmer nehmen.

# Was der Hund braucht

**CHECKLISTE: GRUNDAUS-STATTUNG**

- Halsband und Leine
- Futter- und Wassernapf
- Schlafgelegenheit
- Bürste, Kamm
- Futter
- Mildes Hundeshampoo
- Hundeapotheke (Zeckenzange, Fieberthermometer, Wurmmittel, Flohmittel, Desinfektionsmittel, Verbandszeug)

*Zur Grundausstattung für den Neuen gehört ein Körbchen. Die Einlage muss waschbar sein.*

Schon rechtzeitig bevor der Hund einzieht, sollte die Grundausstattung für den Hund vorhanden sein. Schließen Sie auch gleich eine Hundehaftpflichtversicherung ab und erkundigen Sie sich im Vorfeld nach geeigneten Welpenspielgruppen.

## Der Schlaf- und Ruheplatz

Hunde nehmen gerne am Familienleben teil und möchten nicht außerhalb des Geschehens sein. Richten Sie Ihrem Hund deshalb ein bis zwei zugfreie Schlafplätze ein, an denen er sich geborgen, aber nicht ausgeschlossen fühlt. Der Fachhandel bietet eine Vielzahl von Hundebetten und -körbchen an.

Weidenkörbe lohnen sich bei Welpen im Allgemeinen nicht, da sie schnell zernagt werden. Erst wenn der Kleine aus den Flegeljahren heraus ist, kommt er ins Körbchen. Hundekörbe aus Hartplastik sind beißfest und auch leicht zu reinigen. Als »Bettzeug« eignen sich ausgediente Decken oder Tücher, die sich leicht waschen lassen. Sehr empfehlenswert sind auch spezielle waschbare Vliesauflagen (Drybed, Verbed), die gut isolieren und reißfest sind.

Praktisch sind auch Transportboxen, die es in verschiedenen Größen gibt. Sie leisten bei kleinen Hunden gute Dienste, wenn sie im Auto oder Zug mit auf Reisen gehen. Für den Transport im Flugzeug kommt nur eine entsprechend stabile Jetbox in Frage, keinesfalls ein Billigprodukt. Viele Fluggesellschaften bieten solche speziellen Transportbehälter an.

## Die Essecke

Nehmen Sie als Futter- und Wassernapf Gefäße, die einen guten Stand haben, sich leicht reinigen lassen und beißfest sind. Hunde schlabbern häufig beim Trinken und Fressen. Stellen Sie die Näpfe auf eine wischbare Unterlage, etwa auf eine Gummi- oder Plastikmatte. Wichtig ist, dass der Hund in Ruhe fressen kann, sonst trägt er Bröckchen für Bröckchen an einen sicheren Ort – auch auf den Teppich im Wohnzimmer, wo er sich ungestört fühlt.

## Spielzeug

Natürlich braucht Ihr Hund Spielzeug. Im Fachhandel gibt es eine reichhaltige Auswahl. Zusammengeknotete Tücher, ein Handfeger und andere abgelegte Dinge erfüllen ihren Zweck als Spielzeug ebenso gut. Sie müssen nur darauf achten, dass der Hund nichts bekommt, was ihm beim Zerbeißen und Verschlucken gefährlich werden könnte. Benutzen Sie für die spielerische Erziehung ein bestimmtes Spielzeug, zum Beispiel einen Ball an einer Kordel, das nach dem Einsatz wieder weggelegt wird. So bleibt es für ihn interessant und er verbindet damit positiv die erzieherische Zusammenarbeit.

**Wichtig**

**Es ist ein Zeichen von Dominanz, wenn ein Hund sein Spielzeug verteidigt. Solchen Hunden nimmt man aus Rangordnungsgründen das Spielzeug nach dem Spielen ab.**

**Das kostet Sie Ihr Hund**

| | einmalig | pro Jahr | pro Monat |
|---|---|---|---|
| Grundausstattung | ca. 500 DM (255 €) | | |
| Hundesteuer | | ca. 100–300 DM (51–153 €) | |
| Haftpflichtversicherung | | ca. 150 DM (76,50 €) | |
| Impfungen | | ca. 200 DM (102 €) | |
| Futter | | | ca. 150 DM (76,50 €) |

## Unterbringung im Freien

Wer einen eigenen Garten besitzt, kann seinem Hund auch dort eine Unterbringungsmöglichkeit schaffen. Bei der Haltung im Freien muss aber immer gewährleistet sein, dass der Hund als soziales Lebewesen ausreichend Kontakt zu seinen Menschen hat. Natürlich braucht der Hund eine Hütte, am besten doppelwandig isoliert, die er durch seine Körpertemperatur selbst aureichend erwärmen kann. Zusätzlich sollte ein offener Liegeplatz, zum Beispiel ein Brett auf einer Holzpalette, vorhanden sein.

Trennen Sie den Auslauf für den Hund großzügig ab. Die gesetzlichen Vorgaben zur Zwingerhaltung schreiben zwar nur 6 qm Fläche ohne Hütte für einen Hund vor, von artgerechter Haltung kann dabei allerdings nicht mehr die Rede sein. Bedenken Sie bei der Haltung eines Hundes im Freien, dass es Probleme mit den Nachbarn geben kann, wenn das Tier unkontrolliert und viel bellt. Je mehr Reize auf den Hund von außen einwirken können, umso öfter wird er bellend anschlagen. Berücksichtigen Sie das bei der Planung der Außenanlage.

**TIPP**

Wenn Sie Ihren Welpen mit dem Auto abholen, nehmen Sie jemanden mit, der sich um ihn kümmern kann. So wird die erste Autofahrt nicht direkt zum Schreckerlebnis und der Welpe bekommt eine positive Einstellung zum Autofahren.

**Wichtig**

**Auch außerhalb des häuslichen Bereichs müssen Sie dem Hund das Jagen von Wildtieren, aber auch von Joggern, Radfahrern oder Mopeds, verbieten. Ein guter »Ersatz« , um den angeborenen Jagdtrieb abzureagieren, ist das Apportieren. Auch ein Ball »läuft« weg und will gefangen werden.**

# Der Hund und andere Tiere

Grundsätzlich ist es möglich, dass Hunde mit anderen Haustieren, wie Katzen, Kaninchen etc., die eigentlich zu ihrem Beutespektrum gehören, friedlich zusammenleben. Es erfordert aber Geduld und Einfühlungsvermögen, die Tiere aneinander zu gewöhnen. Hier einige Ratschläge, die Sie bedenken sollten, damit es keine Unfälle gibt:

- Wenn Sie bereits eine Katze haben, wählen Sie keinen erwachsenen Hund, der schon einschlägige Jagderfahrungen hat. Einen Katzenhasser zu bekehren, ist fast unmöglich. Zwischen Hund und Katze entstehen aber oft echte Freundschaften. Kommt ein Welpe zu einer erwachsenen Katze, wird sie den »Eindringling« zunächst mit Fauchen und Hieben empfangen, vor allem, wenn die Katze bereits schlechte Erfahrungen mit Hunden gemacht hat. Oft differenzieren die Tiere jedoch zwischen Mitbewohnern im Haus, zu denen man freundlich ist, und Begegnungen draußen, die mit Skepsis betrachtet werden.

*Leben Hund und Katze in einer Familie zusammen, entsteht oft eine dicke Freundschaft.*

- Am besten gelingt die Gewöhnung verschiedener Tierarten aneinander, wenn alle Tiere noch jung sind und unvoreingenommen aufeinander zugehen.
- Anfangs darf ein erwachsener Hund dem fremden Tier nur unter Aufsicht begegnen. So kann man im Zweifelsfalle bei jedem Ansatz zum Angriff sofort einschreiten und dem Hund zeigen, dass das andere Tier unter unserer Obhut steht.
- Achten Sie darauf, dass nicht durch Flucht des anderen Tieres der Hetztrieb des Hundes ausgelöst wird. Hetzen bedeutet für jeden Hund viel Lustgewinn und es ist schwierig, ihm dieses Verhalten abzugewöhnen.
- Fliegen und laufen Stubenvögel frei in der Wohnung herum, müssen Sie unbedingt vorsichtig sein. Auch wenn der Hund keine bösen Absichten hat, kann schon der spielerische Hieb mit der Pfote für den Piepmatz tödlich enden.
- Schildkröten und andere Reptilien sind in den Augen des Hundes Beute oder Spielzeug, mit denen er entsprechend umgeht und dadurch verletzen oder töten kann.

*Stubenvögel sind im Käfig sicherer aufgehoben. Flattern sie frei umher, erinnern sie an »Beute«.*

# Der Hund unter Hunden

Von Natur aus sind Hunde gesellige Rudeltiere und es ist wichtig, dass sie mit anderen Hunden in Kontakt kommen, um ihr natürliches Verhalten ausleben zu können.

Wenn sich zwei fremde Hunde treffen, verläuft die Begegnung nach ritualisierten Verhaltensregeln. Zunächst versucht jeder dem anderen durch sein Verhalten zu imponieren. Steifbeinig, mit hoch aufgestelltem Schwanz und Kopf und manchmal mit gesträubtem Fell, umkreisen sich die Hunde und versuchen, die Analregion des anderen zu beschnüffeln. Rüden haben dann den Drang zu markieren. Nach eingehender Geruchskontrolle entspannen sich die Tiere. Sie trollen sich oder fangen ein gemeinsames Spiel an. Ängstliche Hunde zeigen kein Imponierverhalten. Im Gegenteil, sie ziehen den Schwanz ein und krümmen den Körper, um der Geruchskontrolle zu entgehen.

Bei gut sozialisierten Hunden läuft eine Begegnung mit einem fremden Artgenossen im Allgemeinen ohne Auseinandersetzung ab. Es ist normal, dass sich nicht alle Hunde gleich gut verstehen. Mit einigen wird Ihr Hund Freundschaft schließen, andere wird er zeitlebens als lästige Konkurrenten betrachten.

**TIPP** Besuchen Sie mit Ihrem Welpen eine Welpenspielgruppe, damit er im Spiel mit gleichaltrigen Artgenossen ein gutes Sozialverhalten einüben kann. Sozial sichere Hunde sind später friedfertiger und souveräner im Umgang mit anderen Hunden.

## Hundebegegnungen

Damit das Zusammentreffen fremder Hunde möglichst ohne Raufereien abgeht, müssen aber auch die Besitzer einige Spielregeln kennen und vor allem einhalten.

- Hunde sollten sich möglichst nicht angeleint begegnen. Die Leine wirkt aggressionsfördernd, vor allem, wenn sie straff gehalten wird.
- Das erste Treffen fremder Hunde sollte nach Möglichkeit auf neutralem Boden stattfinden. Auf dem eigenen Territorium reagiert jeder Hund fremden Artgenossen gegenüber eher aggressiv. Beim gemeinsamen Spaziergang können sich Hunde näher kommen.
- Mischen Sie sich nicht ein, wenn Hunde sich kennen lernen. Gerade während des Imponierverhaltens wirkt jede Einmischung, ob mit Worten oder Taten, aggressionsfördernd. Bleiben Sie stumm und entfernen Sie sich vom Hund. Damit verhindern Sie am ehesten, dass eine Rempelei zur Rauferei ausartet.

- Dort, wo mehrere Hunde oft zusammenkommen oder ständig zusammenleben, schaffen sie sich untereinander eine Rangordnung. Diese muss auch vom Menschen akzeptiert und unterstützt werden.
- Aufdringliche Welpen oder Junghunde werden von erwachsenen Hunden manchmal recht rau für die Übertretung hündischer Anstandsregeln zurechtgewiesen. Bleiben Sie trotzdem ruhig und greifen Sie nicht ein. Nur so kann der junge Hund die hündischen Umgangsformen lernen. Wenn er sich jedoch ständig Ihrer Unterstützung sicher sein kann, wird er keinen Anlass sehen, sich mit seinen Artgenossen zu arrangieren. Dies gilt besonders für Rüden, die eher zu einem machohaften Verhalten neigen, wenn der Besitzer zu Hilfe eilt.

Leider gibt es auch äußerst aggressive Hunde ohne Beißhemmung. Von solchen Exemplaren sollte man seinen eigenen Vierbeiner möglichst fern halten, um ihm das Trauma einer schlechten Erfahrung zu ersparen.

**TIPP**

**Wenn Ihr Hund unkontrolliert auf andere Hunde zuläuft, dürfen Sie nicht laut rufend hinter ihm herrennen. Das versteht er als Kampfsignal und läuft erst recht weiter. Entfernen Sie sich und verweigern Sie ihm so die Unterstützung.**

*Hunde untereinander machen keine Rassenunterschiede. Hauptsache, das Spiel macht Spaß.*

# Auf die Verständigung kommt es an

**Gut oder schlecht erzogene Hunde werden nicht als solche geboren, sondern sie entwickeln sich entsprechend. Wenn Ihr Hund etwas lernen soll, müssen zunächst Sie lernen, es ihm verständlich beizubringen. Deshalb ist es wichtig, das Verhalten des Hundes richtig zu interpretieren.**

*Fast alle Hunde schmusen gerne. Körperkontakt mit ihren Zweibeinern fördert das Vertrauen und hilft bei der Erziehung.*

Welpen sehen immer niedlich aus und man erliegt leicht ihrem Charme und vergisst Grenzen zu setzen. Gönnt man dem jungen Hund eine »unbeschwerte Kindheit« ohne Erziehung, verpasst man leider die sensiblen Entwicklungsphasen, in denen er schnell und nachhaltig lernt. Ehe man sich versieht, haben sie sich selbst Sachen antrainiert, die den eigenen Vorstellungen zuwiderlaufen. Die Zeit, die man im ersten Jahr an Erziehungstraining investiert, wird sich ein Hundeleben lang positiv auszahlen.

## Gute Partnerschaft

Der richtige und verständnisvolle Umgang mit Hunden ist uns Menschen nicht angeboren. Einiges machen wir zwar intuitiv richtig, manche Verhaltensweisen des Hundes interpretieren wir durch unsere menschliche Brille falsch und dann hapert es mit der Verständigung. Nicht selten enden solche Missverständnisse in Problemverhalten, das ungerechtfertigterweise dem Hund negativ angelastet wird. Die Partnerschaft zwischen Mensch und Hund wird nur dann funktionieren, wenn der Hund mit seinen Bedürfnissen Hund bleiben darf und wenn der Mensch Kenntnisse über das hundliche Verhaltensrepertoire erwirbt.

# Grundlagen der Erziehung

**TIPP** Halten Sie positives Verhalten nicht für selbstverständlich. Loben Sie Ihren Hund immer wieder dafür. Oft schenkt man dem Hund nur für unerwünschtes Verhalten Aufmerksamkeit. Das positive Lernen sollte aber immer bevorzugt werden.

Damit das Gemeinschaftsleben im Rudel funktioniert, müssen alle seine Mitglieder festgelegte Spielregeln einhalten. Das gilt für das Hunderudel in gleicher Weise wie für das Zusammenleben von Mensch und Hund.

## Der Boss sind Sie

Egal ob ein Welpe ins Haus kommt oder ein erwachsener Hund, von Beginn an müssen Sie dem Hund Spielregeln klarmachen, an denen er sich orientieren kann. Tun Sie dies nicht, muss er notgedrungen selbst in die Rolle des Anführers hineinwachsen und damit beginnt die Tyrannei für Sie und Ihre Familie. Glücklich wird sich der Hund in der Chefrolle allerdings nicht fühlen.

Im alltäglichen Zusammenleben können Sie durch viele Verhaltensweisen Ihrem Hund Ihre Überlegenheit als Rudelführer zeigen, ohne dabei gewalttätig werden zu müssen. Spiele sind dabei sehr wichtig, um eine intensive Beziehung zu Ihrem Tier aufzubauen. Als Ranghöherer sollten Sie bei allen Aktivitäten der Initiator sein. Beginnen Sie das Spiel und beenden Sie es auch! Fordern Sie den Hund zum Spaziergang auf, nicht umgekehrt! Spielzeug und Futter sollte sich Ihr Vierbeiner ohne zu murren abnehmen lassen.

**WICHTIG**

Hündinnen neigen manchmal in der Pubertät dazu, auf bestimmte Reize oder Situationen ängstlich zu reagieren, die ihnen vorher keine Probleme bereitet haben. Rüden entwickeln eher ein »machohaftes« Verhalten, vor allem Geschlechtsgenossen gegenüber. Wenn sich die Hormone wieder eingependelt haben, bessert sich die pubertäre Unausgeglichenheit.

## Die Entwicklungsphasen

Zwischen der 8. und der 20. Woche interessiert sich der Welpe besonders dafür, seine Umwelt kennen zu lernen. Für neue Eindrücke ist er jetzt sehr aufgeschlossen.

In der Pubertätsphase, zwischen dem 7. bis 15. Monat, zeigen oft auch ansonsten gut erzogene Hunde ein rüpelhaftes Verhalten. Zuvor Gelerntes scheint vergessen. Wenn Sie jetzt konsequent bleiben, wird sich der Erfolg wieder einstellen.

Kleine Rassen sind mit 1 Jahr körperlich erwachsen, bei großen kann das Wachstum bis zum zweiten Lebensjahr andauern. Im psychischen Bereich dauert der Reifungsprozess bis etwa zum vollendeten 2. Lebensjahr.

## Die wichtigsten Regeln

- Bei der Erziehung sollte die Grundstimmung immer positiv und ausgeglichen sein. Hektik und Stress vermeiden.
- Der Welpe sollte ausgeschlafen und aufnahmebereit sein. Das Umfeld sollte ruhig und ohne ablenkende Reize sein.
- Lieber mehrmals am Tag einige Minuten intensiv üben. Lange Übungszeiten überfordern den Welpen.
- Immer das gleiche, festgelegte Hör- und Sichtzeichen für eine gewünschte Handlung verwenden.
- Nur ein Hörzeichen geben, wenn der Welpe Ihnen Aufmerksamkeit schenkt.
- Hörzeichen nur ein- oder zweimal sagen und dann die Ausführung konsequent durchsetzen.
- Nur die Hauptbezugsperson sollte gezielte Erziehungsübungen mit dem Welpen durchführen.
- Gelernte Hör- und Sichtzeichen in den normalen Tagesablauf einbauen und oft wiederholen.

*Ein Welpe darf nicht überfordert werden. Zwischen den Übungen sind kleine Pausen angesagt.*

# Lob und Strafe

**ACHTUNG**

**Strafreize müssen kurz und knapp sein und situationsgerecht angewendet werden, sonst bestrafen Sie den Hund unbewusst für die falsche Handlung. Langzeitstrafen verstehen Hunde nicht, sie erschweren nur das Lernen.**

Beachten Sie bei der Erziehung vor allem, dass Hunde nicht so komplex denken können wie Menschen. Das heißt, wenn Ihr Hund beispielsweise in Ihrer Abwesenheit den Teppich angenagt hat und Sie 1 Stunde später bei Ihrer Ankunft deshalb mit ihm schimpfen, ist der Hund nicht in der Lage, seine Tat mit Ihrem augenblicklichen Verhalten in Verbindung zu bringen. Trotzdem reagiert er mit Demuts- und Beschwichtigungsverhalten, was viele Hundebesitzer dann als »schlechtes Gewissen« fehlinterpretieren. Der Hund reagiert lediglich auf Ihre momentan wütende Stimmung, deren Ursache er aber nicht erkennen kann.

Bestrafen dürfen Sie Ihren Hund nur, wenn Sie ihn auf frischer Tat erwischen. Das heißt auch nicht 1 Minute nach der Tat, sondern wirklich nur beim Ansatz zur Untat oder im tatsächlichen Augenblick des Geschehens. Nur dann kann der Hund Ursache und Strafreiz sinnvoll miteinander verknüpfen und daraus lernen. Oft reicht ein einmaliges Verbot nicht aus, um den Hund in seinem Fehlverhalten zu korrigieren. Erst wenn Sie konsequent sind, wird sich der Lernprozess beim Hund festigen. Wut und unbeherrschtes Verhalten des Besitzers sind schlechte Erziehungshelfer, manchmal muss man seinen Ärger hinunterschlucken, um im Umgang mit dem Hund überlegt und richtig handeln zu können.

**TIPP**

**Loben oder strafen sie entweder sofort oder unterlassen Sie es ganz, um falsche Lernverknüpfungen zu vermeiden.**

## Angepasst disziplinieren

Wie die Strafe im Einzelnen aussieht, hängt vom Wesen Ihres Vierbeiners ab. Bei sensiblen Tieren reicht ein scharfes »Pfui!«. Selbstbewusstere und dickfelligere Typen brauchen zusätzlich einen Kniff ins Nackenfell, um die Ernsthaftigkeit des Verbots auch als solche anzuerkennen. Wenn der Hund Beschwichtigung signalisiert, sollten Sie die Strafe beenden. Später sollte eigentlich die Tonlage Ihrer Stimme den Hund hinreichend beeindrucken, um ihn von unerwünschtem Verhalten abzubringen. Werfen Sie aber bei der Erziehung Ihres Hundes zwischendurch immer wieder einen kritischen Blick auf Ihr eigenes Tun, denn nicht selten werden unerwünschte Verhaltensweisen unbewusst belohnt und dadurch noch verstärkt.

# Richtig belohnen

Das positive Lernen am Erfolg setzt das richtige Belohnen voraus. Das ist in der Praxis aber schwieriger, als man denkt. Zu Beginn muss man selbst erst mal lernen, Handlungsabläufe und Lernsituationen so zu durchschauen, dass man den richtigen Zeitpunkt für die Belohnung erkennt. Sie muss immer direkt auf das gewünschte Verhalten folgen. Nur dann kann der Hund die gewünschte Handlung positiv mit der Belohnung verknüpfen. Folgt sie nur etwas zu spät, verstärken wir vielleicht unabsichtlich ein unerwünschtes Verhalten. In Alltagssituationen zeigen Hunde oft aufeinander folgend erwünschtes und unerwünschtes Verhalten und schnell hat man das »falsche« Verhalten belohnt.

Die Belohnung sollte nicht immer nur ein »Leckerchen« sein, obwohl es zum Einüben neuer Lerninhalte stets hilfreich ist. Manchmal reichen auch freundliche Worte und Streicheleinheiten. Übungen, die viel Konzentration erfordern, belohnt man am besten mit einem Spielchen, damit die körperliche Spannung abgebaut werden kann.

*Kleine Leckerlis im richtigen Moment sind eine Hilfe beim Training.*

# Die wichtigsten Lernziele

**TIPP** Sie müssen die Geruchsspuren der Hinterlassenschaften in der Wohnung beseitigen, damit der Welpe nicht zum erneuten Markieren verleitet wird. Am besten verwendet man einen Spezialreiniger aus dem Zoofachhandel.

Zwei Probleme stehen in der ersten Zeit im Vordergrund: Stubenreinheit und Alleinbleiben. Beide Aufgaben erfordern Ihren ganzen Einsatz, viel Zeit und Geduld. Leinenführigkeit und und das zuverlässige Kommen bei Freilauf sind ebenfalls unerlässliche Lernziele.

## Stubenreinheit

Bei der Erziehung zur Stubenreinheit hängt der Erolg davon ab, wie intensiv man sich dieser Aufgabe widmet. Anfangs muss der Welpe spätestens alle halbe Stunde in seinen Wachphasen nach draußen gebracht werden, ebenso nach dem Fressen und Aufwachen oder wenn er aufgeregt umherschnüffelt und sich im Kreise dreht. Gehen Sie mit ihm immer an die gleiche Stelle, damit er mit diesem Ort vertraut wird und später seine Duftmarken wiedererkennen kann. Belohnen Sie ihn mit einem Leckerchen und freudigen Worten, wenn es draußen geklappt hat. Welpen lösen sich nur dort, wo sie sich sicher fühlen. Deshalb verrichten manche ihre Geschäfte anfänglich auch nicht auf Spaziergängen, sondern lieber zu Hause im Garten oder sogar innerhalb des Hauses. Wer nachts den Welpen schnell stubenrein bekommen möchte, nimmt ihn am besten mit ins Schlafzimmer. Stellen Sie den Korb in einen großen Karton oder benutzen Sie seine Transportbox als Schlafplatz.

Bei Rückschlägen geben Sie niemals dem Hund die Schuld, sondern suchen Sie zuerst in Ihrem Verhalten nach Fehlern. Jede Form der Erregung, sei es aus Freude, Angst oder sonstigem Stress, regt beim Welpen die Ausscheidung an. Strafe führt in solchen Fällen zu falschen Lernprozessen und Vertrauensverlust. Er vermeidet dann z. B., sich in Ihrer Gegenwart zu lösen und geht heimlich dazu in eine Ecke.

## Alleinbleiben

Obwohl Hunden als Rudeltieren das Alleinsein an sich fremd ist, können sie doch lernen, einige Zeit allein zu bleiben. Bei einem Welpen beginnt man die Übung am besten, wenn er sich ausgetobt hat und sattgefressen seinen Schlafplatz aufsucht.

Lassen Sie ihn dann einige Zeit bei geschlossener Tür allein im Raum. Verhält sich der Hund ruhig, brechen Sie die Übung nach ein paar Minuten ab. Mit zunehmendem Alter Ihres Hundes können Sie die Zeitabstände verlängern. Einen 6 Monate alten Hund kann man schon ein paar Stunden allein lassen.

Besonders sensible Hunde, die eine starke Bindung zu ihrem Besitzer haben, und solche, die gerade eine Trennung verarbeiten müssen, entwickeln manchmal Trennungsängste und das Alleinsein wird zum Problem. Der Trennungsstress lässt die Hunde dann unkontrolliert heulen oder bellen, einige werden auch zunehmend zerstörungswütig oder unsauber. So beugen Sie Trennungsängsten vor:

- Erlauben Sie Ihrem Hund nicht, Ihnen immer zu folgen.
- Sie sollten den Hund niemals für etwas bestrafen, das er während Ihrer Abwesenheit angestellt hat. Der Hund bellt, heult oder zerstört ja nicht aus Bosheit oder um Sie zu ärgern, sondern aus der Angst, verlassen worden zu sein.
- Abschiedsrituale sind zu vermeiden, denn sie erzeugen ein starkes Stimmungshoch beim Hund.

**TIPP** Ein Welpenlaufstall ist hilfreich bei dem Alleinsein-Training und zur Stubenreinheitserziehung. Hier ist der Welpe sicher in Ihrer Abwesenheit untergebracht und es erwarten Sie später keine »bösen« Überraschungen.

*Sehnsüchtiges Warten auf Herrchens Rückkehr – Hunde sind nicht gern allein. Aber sie lernen es.*

**ACHTUNG**

**Hunde, die nur an der Leine laufen müssen und ihren Bewegungsdrang nicht ausleben dürfen, entwickeln sich eher zu Leinenzerrern. Sie versuchen dadurch auch ihre überschüssige Energie abzubauen.**

## Leinenführigkeit

Zur Sicherheit darf ein Welpe nur auf ungefährlichen Wegen oder in eingezäuntem Terrain frei laufen, ansonsten gehört er an die Leine. Fordern Sie den Welpen freundlich auf, Ihnen zu folgen. Nehmen Sie ein Leckerchen oder ein Spielzeug, um ihn zu locken. Zerren Sie nicht an der Leine, wenn der Welpe sich stur stellt und auch kein Locken hilft. Tragen Sie ihn an einen interessanten Ort, irgendwann wird der »den Vorwärtsgang einlegen«.

Nehmen Sie eine 1,20–1,80 m lange Leine, damit der Kleine lernt, sich innerhalb dieses Radius zu bewegen. Prescht er vor, bleiben Sie sofort stehen oder befördern ihn durch einen kurzen Ruck in den Leinenbereich zurück. Geben Sie nämlich dem Ziehen nach, lernt er daraus, so seine Ziele zu erreichen. Damit legen Sie den Grundstein für einen Leinenzerrer. Lenken Sie immer wieder zwischendurch die Aufmerksamkeit des Welpen durch Ansprache oder Spielzeug auf sich.

**TIPP**

**Um besser auf den Hund einwirken zu können, binden Sie eine dünne, reißfeste, 5–8 m lange Schnur an sein Halsband, die er nicht spürt und lose hinter sich herzieht. Bewegt er sich aus dem Einwirkungsbereich, treten Sie schnell auf die Schnur und rufen »Halt!«. Dann geben Sie das Hörzeichen »Komm!« oder »Hier!«.**

## Freilauf und Kommen auf Zuruf

Das zuverlässige Kommen auf Zuruf ist für einen Hund die wichtigste Übung, die er beherrschen sollte. Nur beim Freilauf kann der Hund ausreichend und ungestörten Kontakt zu seinen Artgenossen aufnehmen und dann spielen und toben. Natürlich muss man seinen Vierbeiner dabei unter Kontrolle haben und ihn abrufen können.

Angeleinte Hunde, vor allem erwachsene Tiere, verhalten sich weniger sozialverträglich und reagieren häufiger aggressiv. Deshalb kommt der Abrufübung eine besondere Bedeutung zu. Einfach ist diese Übung mit Welpen, da ihr angeborener Nachlauftrieb noch stark ausgeprägt ist und sie ihr Rudel nicht verlieren wollen. Lassen Sie ihn auf einem ungefährlichen Weg frei laufen. Nach einiger Zeit hocken Sie sich hin und rufen den Welpen mit einem freundlichen »Komm!« oder »Hier!« zu sich. Belohnen Sie ihn, wenn er kommt, und lassen Sie ihn weiter frei laufen. Wiederholen Sie diese Übung so oft wie möglich. Wenn der Welpe nicht reagiert, entfernen Sie sich von ihm, er wird Ihnen folgen. Machen Sie nie den Fehler, hinter dem Welpen herzulaufen. Das veranlasst ihn nur wegzurennen. Auf Spaziergängen erhöhen kleine Versteckspiele die Aufmerksamkeit des Hundes Ihnen gegenüber.

Wenn er das Hörzeichen »Komm!« oder «Hier!« oder ein entsprechendes Pfeifsignal gelernt hat, müssen Sie auch darauf bestehen, dass er kommt, wenn Sie ihn rufen. Wiederholen Sie es nicht 10-mal hintereinander, sonst verliert das Hörzeichen seine Bedeutung und er entscheidet selbst, wann er kommt und wann nicht. Ist der Welpe durch andere Reize abgelenkt, d. h. läuft er gerade auf einen Hund zu, spielt oder steckt bis über beide Ohren in einem Mauseloch und Sie können durch Namenzuruf nicht seine Aufmerksamkeit erregen, dann hat es keinen Zweck, ihn zu sich zu rufen. Holen Sie ihn lieber an Ort und Stelle ab und gefährden Sie nicht durch ein nicht durchsetzbares Hörzeichen den bisher erreichten Lernerfolg.

Im Rudel müssen die Jungen darauf achten, die Alttiere nicht zu verlieren. Praktizieren auch Sie diese Einstellung, dann wird Ihr Welpe dazu erzogen, Kontakt zu halten. Sollte Ihr Hund Ihnen einmal entwischt sein und er kommt erst nach einiger Zeit zurück, dürfen Sie ihn nicht bestrafen. Er verbindet nicht das Wegbleiben mit der Strafe, sondern das Zurückkommen. Freudiges Herankommen erhält man nur durch Belohnung.

*Versteckspiele fördern die Aufmerksamkeit des Hundes. Im Grunde will er sein »Rudel« immer sehen.*

# Die Grundschule

**WICHTIG**

**Um die Lernfreude Ihres Hundes zu erhalten, dürfen Sie die Übungen nicht zu oft hintereinander durchführen. Trainieren Sie die Übungen lieber über den Tag verteilt.**

Beginnen Sie mit dem Training der wichtigsten Hörzeichen bei sich zu Hause ohne Ablenkung und ganz in Ruhe. Der Rest der Familie sollte sich bei den Übungen etwas zurückhalten.

## »Sitz!«

- Halten Sie Ihren Welpen am Halsband fest, drücken Sie sein Hinterteil herunter und sagen Sie »Sitz!« begleitet von einem Sichtzeichen, z. B. erhobener Zeigefinger oder Hand. Sitzt er, wird der gelobt und bekommt ein Leckerchen. Nach einigen Sekunden sagen Sie »Lauf!«
- Führen Sie die Hand mit einem Leckerchen langsam bis über den Kopf des Hundes. An der Belohnung interessiert, wird er sich hinsetzen und Sie geben gleichzeitig das Hörzeichen »Sitz!« und das Sichtzeichen. Zur Bestätigung erhält der Hund das Leckerchen.

*Auch mit dem erwachsenen Hund werden die Grundregeln – hier »Sitz!« – immer wieder trainiert.*

## »Platz!«

- Wenn er sitzt, ziehen Sie seine Vorderbeine mit beiden Händen nach vorn und bringen ihn so zum Liegen, während Sie »Platz!« sagen. Loben und streicheln Sie den Welpen, wenn er liegen bleibt. Versucht er aufzustehen, legen Sie Ihre Hand auf seine Schulter und drücken ihn sanft herunter. Nach einigen Sekunden geben Sie ihm zur Belohnung ein Leckerchen zwischen seine Vorderpfoten. So macht das Lernen Spaß.
- Lassen Sie den Welpen »Sitz!« machen, nehmen Sie ein Leckerchen in die Hand und führen Sie Ihre Hand vom Kopf des Hundes ausgehend nach vorne bis auf den Boden. Um an die Belohnung zu kommen, wird sich der Welpe hinlegen. Nach einigen Sekunden des Liegenbleibens wird er dann belohnt.
- Warten Sie, bis sich der Welpe von selbst hinlegt und sagen Sie in dem Moment »Platz!«. Er wird diese Haltung bald mit Ihrem Hörzeichen in Verbindung bringen. Wiederholen Sie die Übung so oft, bis der Welpe das Hör- und Sichtzeichen begriffen hat.

**TIPP** Wenn Sie sich einen bereits erwachsenen Hund angeschafft haben, sollten Sie die Hör- und Sichtzeichen verwenden, an die der Hund bereits gewöhnt ist. Er muss sich in so vielen Dingen umstellen, dann nicht auch noch darin.

Wenn der Hund »Platz!« gelernt hat, kann man auch das zeitweilige »Abliegen« üben.

## »Bleib!«

**Wichtig**

**Der zuverlässige Lernerfolg wird nur erreicht, wenn die Übungen in vielen Situationen immer wieder zur Anwendung kommen. Nur so wird der Hund auf die Hör- und Sichtzeichen konditioniert.**

Mit dem Hörzeichen »Bleib!« in Verbindung mit »Sitz!«, »Platz!« oder »Steh!« können Sie Ihrem Hund beibringen, an Ort und Stelle in der jeweiligen Position zu verharren. Wenn Ihr Hund das Hörzeichen »Sitz!« oder »Platz!« schon kennt, fügen Sie das »Bleib!« hinzu und entfernen sich, zu ihm gewandt, einen halben Meter. Wenn er nur den Ansatz zum Aufstehen macht, müssen Sie sofort wieder bei ihm sein, um es zu verhindern. Nach einigen Sekunden gehen Sie zum Hund zurück, loben ihn und befreien ihn aus seiner »Bleib!«-Position.

Wenn Ihr junger Hund das Hörzeichen nach einigen Wiederholungen begriffen hat, verlängern Sie den Abstand und die Zeitdauer, bevor Sie ihn wieder abholen. Gefährden Sie nicht den Lernerfolg durch zu schnelles Vorgehen bei dieser Übung und rufen Sie Ihren Hund nicht von seiner Position ab. Er soll lernen, dass er immer warten muss, bis er abgeholt wird. Auch bei dieser Übung beginnen Sie am besten zunächst im stillen häuslichen Bereich, wo nichts die Aufmerksamkeit des Hundes ablenkt.

**TIPP**

**Belohnen Sie den Hund nicht ständig mit Leckerchen. Hat er eine Übung begriffen, reichen freundliche Worte und Streicheleinheiten. Nur noch ab und an gibt es einen Belohnungshappen zur Motivation.**

*Bei dem Hörzeichen »Bleib!« soll der Hund ruhig an seinem Platz bleiben, bis er gerufen wird.*

## »Aus!«

Einerseits ist es zum Schutz des Hundes wichtig, dass er eventuell gefährliche Dinge auf Kommando fallen oder sich aus dem Maul nehmen lässt. Andererseits haben Sie als Rudelchef das Recht, dem Hund als rangniedrigem Rudelmitglied Dinge abzunehmen, und dieses Privileg sollten Sie auch durchsetzen.

Üben Sie das »Aus!« beim Spielen. Beim Zerrspiel mit einem Spielzeug halten Sie plötzlich inne und fordern den Welpen mit einem lang gezogenen »Aus!« auf, das Spielzeug loszulassen. Sie müssen dabei ganz stillhalten und nicht am Spielzeug zerren. Weigert sich der Hund, packen Sie mit der Hand über seine Schnauze und drücken leicht zu. Lässt er das Spielzeug los, beginnen Sie das Spiel von neuem als Belohnung.

Auch wenn Ihr Welpe genüsslich an seinem Kauknochen knabbert, sollten Sie das »Aus!« zwischendurch üben. Natürlich bekommt der Welpe dann den Knochen wieder. Er soll ja mit dem Hörzeichen »Aus!« nicht verbinden, dass ihm immer alles weggenommen wird.

*Wenn Herrchen »Aus!« sagt, muss der Hund auch sein Lieblingsspielzeug ohne Knurren hergeben.*

# Hundesport – Hundespaß

**WICHTIG**

**Lassen Sie Ihren Hund nie nach dem Fressen toben. Es besteht vor allem bei großen Hunden die Gefahr der Magendrehung. Die Symptome: Der Hund versucht erfolglos zu erbrechen, der Bauch bläht sich in kurzer Zeit auf. Wird der Hund nicht innerhalb einer Stunde operiert, kommt jede Hilfe zu spät.**

Wer für sich und seinen Hund eine sinnvolle Beschäftigung sucht, wird im Hundesportbereich bestimmt das Richtige finden. In jedem Fall fördert die intensive Zusammenarbeit die Partnerschaft zwischen Mensch und Hund und bei richtiger Dosierung die Fitness beider Partner.

- **Agility:** Bei dieser Funsportart muss der Hund einen Parcours aus verschiedenen Geschicklichkeitshindernissen meistern, der Hundeführer läuft mit und gibt Anweisungen. Neben der Kommunikation werden auch Geschicklichkeit und Konzentration des Hundes und seines Führers trainiert. Es gibt verschiedene Schwierigkeitsstufen und für kleine Hunde einen Parcours mit entsprechend niedrigeren Hindernissen.
- **Vierkampf oder Breitensport:** Setzt sich aus vier Teildisziplinen – Gehorsamsübungen, Slalom-, Hürden- und Parcourslauf zusammen, wobei Hund und Hundeführer die Übungen gemeinsam ausführen.

*Der Hundesport »Agility« hält Vierbeiner und Zweibeiner gleichermaßen fit und beweglich.*

- **Flyball:** Der Hund muss über 4 Hürden springen, um die Ballmaschine zu erreichen und sie auszulösen. Der herausspringende Ball muss vom Hund gefangen und zum Besitzer apportiert werden. Besonders geeignet für apportierfreudige Hunde.
- **Geländelauf:** Gemeinsam mit Ihrem Hund laufen Sie eine 2 oder 5 Kilometer lange Strecke, getrennt nach Geschlechtern und Altersklassen.
- **Rettungshundeausbildung:** Anspruchsvolle und auch zeitintensive Ausbildung, die nicht nur Spaß macht, sondern im Ernstfall auch Menschenleben retten kann.

**WICHTIG**

**Die Belastungen durch den Hundesport müssen dem Alter entsprechen. Erst ausgewachsene Hunde dürfen voll trainieren. Lassen Sie Ihren Vierbeiner vorher vom Tierarzt untersuchen, ob er körperlich fit genug ist für den Sport.**

Empfehlenswert für alle Hundesportarten ist, dass der Hund eine Gehorsamsausbildung, z. B. in Form einer Begleithundausbildung, hat. Für Agilitywettbewerbsteilnehmer und Schutzhundausbildung ist diese Prüfung sogar Pflicht. In Hundevereinen und Hundeschulen werden entsprechende Ausbildungslehrgänge angeboten, ebenso die weiterführenden Sportarten. Hundesport ist nicht nur für größere Hunde geeignet. Es gibt auch Parcours für kleinere Hunde.

*Beim »Flyball« lernen die Hunde schnell, den Mechanismus auszulösen und den Ball zu fangen.*

# Artgerecht ernähren, richtig pflegen

**Auch für den Hund gilt: Er ist, was er isst. Gesundheit und Vitalität hängen nicht zuletzt von einer ausgewogenen Ernährung ab. Allem Irrglauben zum Trotz sind Hunde nicht nur »Fleischfresser«. Ein Zuviel schadet ihnen ebenso wie uns. Auch beim Vierbeiner kommt es auf die richtige Mischung an.**

*Diesem Prachtexemplar geht es richtig gut, dank artgerechter Ernährung, guter Pflege und vieler Streicheleinheiten.*

Ob Frischkost oder industrielle Fertignahrung – mit beiden können Sie Ihren Hund artgerecht und ausgewogen ernähren. Die Nahrung muss nur den Nährwertbedürfnissen des Hundes im Hinblick auf Alter, Leistungsanforderung und Gesundheitszustand entsprechen. Was einem Welpen gut tut, ist für einen älteren Hund ungesund. Einige mögliche Gesundheitsprobleme hängen mit der Ernährung zusammen, daher sollte man sich mit diesem Thema näher befassen.

## Das richtige Maß

Neben der Futterqualität ist es auch wichtig, die richtige Menge zu füttern. Welpen und Junghunde im Wachstum haben – ebenso wie säugende Hündinnen – einen hohen Nahrungsbedarf. Beim erwachsenen Hund reduziert sich dagegen die Menge im Verhältnis zum Körpergewicht. Die Angaben der Futtermittelhersteller sind in der Regel viel zu hoch, sie müssen individuell dem Hund und seiner körperlichen Leistung angepasst werden. Rechnen Sie Leckerchen und Knabbereien in den Tagesbedarf mit ein, sonst wird Ihr Hund schnell übergewichtig, mit allen gesundheitlichen Nachteilen. Wer es wirklich gut mit seinem Hund meint, muss auch mal Nein sagen können.

# Ausgewogene Ernährung

**TIPP** Die meisten Hunde mögen Dosenfutter lieber als trockene Kost. Es ist aber qualitativ oft schlechter und teurer als Trockenfutter. Hohe Sojaanteile können Blähungen verursachen. Am besten mischt man Dosenfutter mit Trockenfutter.

In Bezug auf die Nahrung sind Hunde ihren wölfischen Vorfahren noch sehr ähnlich. Ihre Beutetiere waren meist Pflanzenfresser, die nahezu vollständig gefressen wurden, also auch der halbverdaute Magen- und Darminhalt. Die Ernährung des Hundes muss sich deshalb aus tierischen und pflanzlichen Zutaten zusammensetzen.

**CHECKLISTE**

**Das gehört nicht in den Futternapf**

- Gewürzte Essensreste
- Süßigkeiten und Schokolade
- Rohes Eiklar
- Knochen
- Rohes Schweinefleisch, kann Aujszky-Viren enthalten, die die tödliche »Pseudowut« auslösen.
- Stark blähende Gemüsearten

## Fertigkost

*Füttern Sie zwischendurch Trockenfutter. Der Abrieb beim Kauen beugt Zahnsteinbildung vor.*

Die Anzahl der Hersteller von Fertigfutter ist mittlerweile unüberschaubar. Beim Griff ins Regal sollte man aber Qualitätsmarken bevorzugen. Fertigfutter gibt es für die unterschiedlichsten Lebensphasen. So ist es einfach, das passende Futter für den Welpen, den erwachsenen Hund oder den Senior zu finden. Vorsicht mit Zusatzpräparaten, Überdosierungen können gesundheitliche Schäden verursachen.

Wechseln Sie zwischendurch den Hersteller, um Einseitigkeit bezüglich der Geschmacks- und Inhaltsstoffe zu vermeiden. Besonders bei gesundheitlichen Problemen ist ein Futterwechsel ratsam, da manche Hunde Futtermittelunverträglichkeiten oder Allergien entwickeln können. Achten Sie beim Trockenfutter auf den Eiweißanteil im Futter (steht auf der Packung). Hohe Gehalte von bis zu 30 % Eiweiß im Trockenfutter schmecken den Hunden zwar gut, belasten aber beim erwachsenen Tier die Organe und führen manchmal zu Hautjucken. Gehalte im unteren 20-%-Bereich werden oft besser vertragen. Das Futter muss handwarm sein.

Die Futtermenge hängt vom Alter und vom Gewicht des Hundes ab, aber auch davon, ob er sehr viel oder eher mäßig bewegt wird. Der Nährwert des Futters spielt ebenfalls eine Rolle. Hinzu kommt, dass es auch unter den Hunden gute und schlechte Futterverwerter gibt.

*Hundekuchen gibt es z. B. aus reinem Getreide und mit Kohle angereichert (gegen Durchfall).*

## Frischkost

Frischkost aus der eigenen Küche schmeckt allen Hunden gut, es ist aber schwierig, dieses im Hinblick auf den Nährwert entsprechend ausgewogen herzustellen. Als Eiweißlieferanten eignen sich alle Fleischsorten außer Schweinefleisch oder auch mal grätenfreier Fisch. Denken Sie daran, dass hochwertiges Fleisch für Ihren Vierbeiner leichter verdaulich ist als minderwertige Abfälle. Auch Milchprodukte wie Hüttenkäse, Quark oder Joghurt oder auch ein Eigelb sind gute Eiweißlieferanten. Eine gute Ergänzung sind frische Kräuter.

Die nötigen Ballaststoffe und Kohlenhydrate liefern Getreide und Gemüse. Pflanzenkost ist unbehandelt für den Hund kaum verdaulich und muss gekocht oder fein geraspelt werden. Als Gemüsebeigabe kann man alle nicht blähenden Gemüsearten verwenden. Einseitigkeit sollte beim Füttern vermieden und Vitamin- und Mineralstoffmischungen hinzugegeben werden. Fertige Hundeflocken sind aber schon angereichert. Ansonsten eignen sich Reis, Haferflocken, Graupen, altbackenes Brot sowie Hirse als Kohlenhydratlieferanten.

Zur ausreichenden Versorgung mit essenziellen Fettsäuren mischt man einen Teelöffel Pflanzenöl unter das Futter. Welpenfutter sollte zur Hälfte aus Fleisch und zur Hälfte aus Pflanzenkost bestehen. Erwachsene Hunde erhalten nur $^1/_3$ Fleisch zu $^2/_3$ Pflanzenkost.

### Futterplan

| Alter | Anzahl der Futtergaben pro Tag | Futterart |
|---|---|---|
| Bis 10 Wochen | 4x | Welpenkost |
| 11. Woche–6 Monate | 3x | Welpenkost/Juniorkost |
| Ab 7. Monat | 2x | Juniorkost mit Erwachsenenkost mischen |
| Ab 1 Jahr | 2x | Erwachsenenkost oder Light-Produkte |
| Ab 7 Jahren | 2x | Seniorkost |

### Wichtig

**Dem Hund muss immer ausreichend frisches Trinkwasser zur Verfügung stehen.**

### TIPP

**Bei einem gut genährten Hund kann man die Rippen ohne starken Druck fühlen. Machen Sie diese Probe regelmäßig, damit es erst gar nicht zur Übergewichtigkeit kommt.**

# Körper- und Fellpflege

Den Hund regelmäßig zu pflegen ist nicht nur aus kosmetischen und ästhetischen Gründen angebracht, sondern es dient darüber hinaus der allgemeinen Hygiene und der Gesundheitskontrolle.

Unter ungepflegten, verfilzten Haaren finden Ungeziefer und Krankheitserreger optimale Bedingungen vor und mangelnde Belüftung des Fells begünstigt zusätzlich Hauterkrankungen. Die tägliche Körperpflege fördert außerdem die vertrauensvolle Beziehung zu Ihrem Hund.

Nicht allen Hunden bereitet die tägliche Pflege Vergnügen, vor allem oft langhaarigen Hunden nicht, bei denen es schon mal ziept. Versuchen Sie deshalb das Unangenehme mit dem Angenehmen zu verbinden und belohnen Sie den Hund nach der Pflegeprozedur mit einem Leckerchen, einem Spaziergang oder einem Spielchen. Führen Sie die Pflege ruhig aber konsequent durch, bis Sie Ihr Ziel erreicht haben.

**TIPP** Stellen Sie den Hund zum Kämmen und Bürsten auf einen Tisch, in der warmen Jahreszeit am besten auf dem Balkon oder im Garten. Dann fliegen die Haare nicht in der Wohnung herum.

## Bürsten und Kämmen

Beim Bürsten wird das Fell von Staub, losem Schmutz und abgestorbenen Haaren befreit und zusätzlich die Hautdurchblutung angeregt. Man beginnt mit dem Rücken und bürstet das Fell in Wuchsrichtung. Bei langhaarigen Hunden bürstet man an den Beinen erst in Wuchsrichtung und dann gegen den Strich und wieder zurück. Besonders sorgfältig muss man bei langhaarigen Hunden Bauch und Schenkelinnenseiten bürsten und kämmen, um Verfilzungen zu vermeiden.

Langhaarige Hunde sollte man nach dem Bürsten mit einem mittelgroben Kamm durchkämmen, um ein Verfilzen der Unterwolle zu verhindern. Leichte Verfilzungen kann man mit den Fingern auseinander zupfen und dann auskämmen. Bei Hunden, die schnell verfilzen, lohnt sich die Anschaffung eines speziellen Entfilzungskammes, der die Arbeit für Sie erleichtert und für den Hund erträglicher macht. An empfindlichen Stellen, wie im Genitalbereich und in den Achseln, schneidet man Verfilzungen heraus. Pflegeaufwändige Hunde sollte man möglichst täglich bürsten und kämmen, damit keine stundenlange Entfilzungsprozedur aus der Pflege wird.

## Trimmen und Scheren

Bei rauhaarigen Mischlingen, z. B. Terrier- oder Schnauzermischlingen, findet kein natürlicher Haarwechsel statt. Nur wenn das Haar »überreif« ist, fällt es allmählich aus. Man kann das reife Deckhaar auch mit einem Trimmmesser oder mit den Fingern herauszupfen. So wird der Haarwechsel beschleunigt und der Hund verliert kaum noch Haare in der Wohnung.

Zotthaarige Hunde, zum Beispiel Pudel- oder Bobtailmischlinge, haaren zwar recht wenig, aber ihr Haar neigt leicht zum Verfilzen. Wem die Pflege zu aufwändig und der Schmutz in der Wohung zu viel werden, kann das Hundefell auf eine pflegeleichte Länge kürzen lassen.

**TIPP** Wer seinen Hund selber scheren oder trimmen möchte, sollte einige Male einer Fachkraft zugeschaut haben und sich die Handhabung der Werkzeuge zeigen lassen.

*Besonders während des Haarwechsels ist tägliches Bürsten und Kämmen unerlässlich.*

## Baden nur im »Notfall«

**TIPP** Jede Haarwäsche fördert den Fellwechsel. Bürsten Sie deshalb das Fell gut durch, wenn es trocken ist,

Gerade bei feuchter Witterung ist der Hund nach dem Spaziergang an den Beinen und am Bauch voller Schmutz. Hier reicht es im Allgemeinen, diese Stellen mit klarem Wasser abzuspülen. Haut und Haar werden hierdurch nicht beeinträchtigt.

Unter besonderen Umständen hilft aber nur noch eine komplette Fellwäsche mit Shampoo, um Schmutz und Geruch zu beseitigen. Baden Sie Ihren Hund nur, wenn es wirklich nötig ist, denn jede Haarwäsche beeinträchtigt kurzfristig den Säureschutzmantel der Haut und wirkt entfettend. Nehmen Sie immer ein Hundeshampoo, das dem pH-Wert der Hundehaut entspricht und rückfettend ist. Duschen Sie den Hund mit handwarmem Wasser ab und entfernen Sie sorgfältig alle Shampooreste. Achten Sie darauf, dass kein Wasser in die Ohren läuft. Rubbeln Sie den Hund anschließend mit Tüchern trocken. Sie können ihn auch trockenföhnen. Ins Freie darf der Hund nass nur bei warmem Wetter. Welpen badet man ausschließlich nur in dringenden Fällen.

*Zähne putzen ist nicht sonderlich beliebt, sollte aber dennoch regelmäßig durchgeführt werden.*

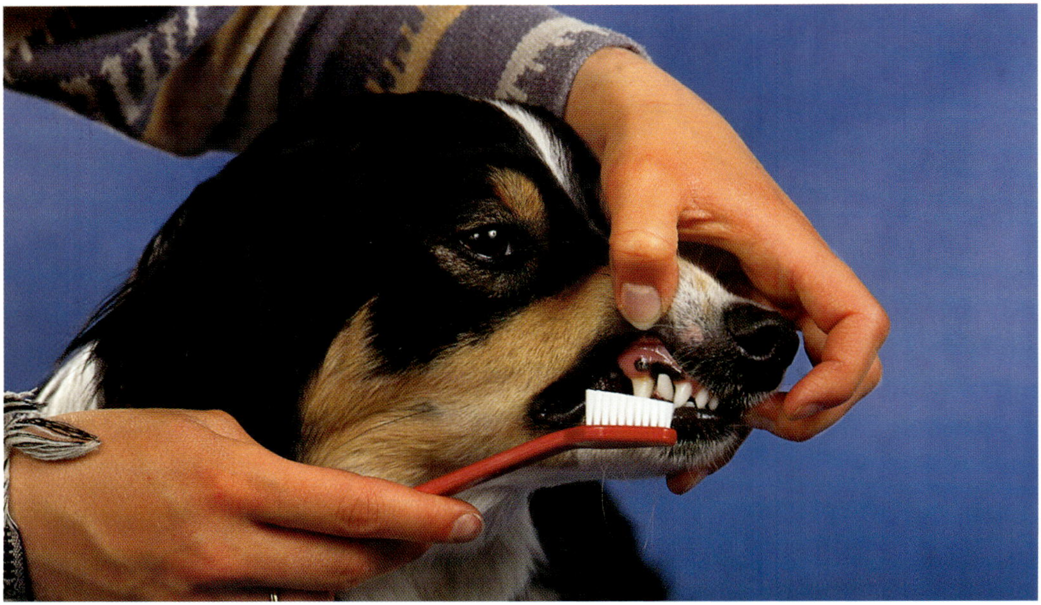

## Augen- und Ohrenpflege

Die Augenwinkel des Hundes sollte man täglich von Tränensekret befreien. Starker Tränenfluss und eine gerötete Bindehaut deuten auf eine Erkrankung oder einen Fremdkörper im Auge hin. In diesem Fall sucht man am besten den Tierarzt auf. Falls der Fremdkörper im Augenwinkel sitzt, kann man ihn vorsichtig mit einem Tuch oder einem Wattestäbchen selbst entfernen.

Kontrollieren Sie auch regelmäßig die Ohren. Besonders bei schlappohrigen Hunden kann die Selbstreinigung des Gehörgangs durch starken Haarwuchs beeinträchtigt sein. Die Haare müssen dann durch Herauszupfen – nicht Schneiden – entfernt werden. Starke Ohrenschmalzabsonderungen kann man mit einem speziellen Ohrreinigungsmittel lösen. Liegen Entzündungen vor, muss der Tierarzt helfen.

**TIPP** Zu lange Krallen (berühren im Stand den Boden) und die hoch liegenden Daumen- oder Afterkrallen müssen ab und zu mit einer speziellen Krallenzange gekürzt werden. Lassen Sie sich das am besten vom Tierarzt zeigen.

## Zahnpflege

Bei fast allen Hunden bildet sich früher oder später Zahnstein. Die Beläge führen auf Dauer zu Mundgeruch, Zahnfleischentzündungen und Zahnfleischschwund, ja es kann sogar zu Zahnausfall kommen. Vorbeugend sollte man die Zähne regelmäßig mit einer Zahnbürste und mit Schlämmkreide (Apotheke) oder Hundezahnpasta putzen. Auch die Gabe von harten Hundebiskuits und Kauknochen hilft etwas, die Zähne sauber zu halten. Gründliche Zahnsteinentfernung kann man beim Tierarzt durchführen lassen.

## Pfoten und Krallen

In den Zehenzwischenräumen können sich, besonders bei langhaarigen Hunden, Haare mit Schmutz zu Klumpen verkleben, die dem Hund Schmerzen verursachen können. In einem solchen Fall müssen die Haare mit einer Schere herausgeschnitten werden. Im Winter, wenn der Hund über salzgestreute Wege gehen musste, sollte man die Pfoten anschließend mit lauwarmem Wasser abspülen.

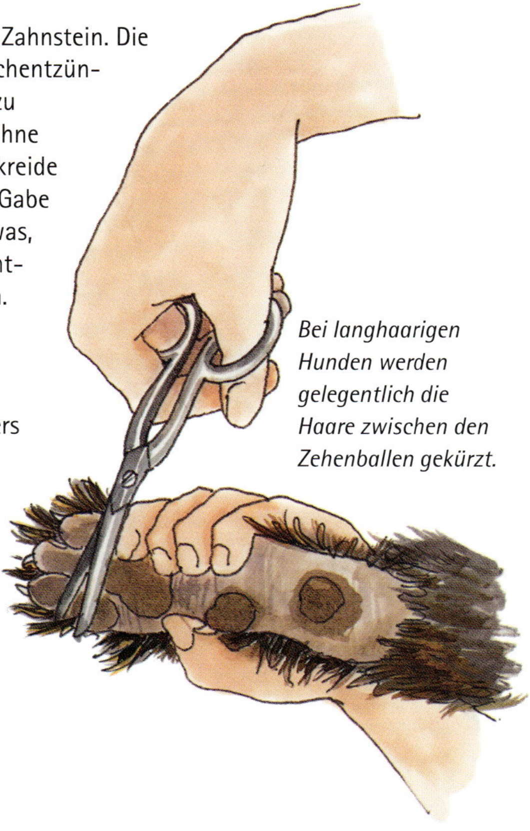

*Bei langhaarigen Hunden werden gelegentlich die Haare zwischen den Zehenballen gekürzt.*

# Rund um die Gesundheit

**Ein gesunder Hund ist seinem Temperament und Alter entsprechen lebhaft und verspielt und an seiner Umgebung interessiert. Sein Fell glänzt und er verströmt keinen ausgeprägten Körpergeruch. Die Augen sind klar, die Nase meistens feuchtkühl, die Ohren sauber und geruchlos, Appetit und Verdauung normal.**

*Ein Besuch in der Tierarztpraxis ist nie ein Vergnügen, auch wenn es sich nur um eine kleine Verletzung der Pfote handelt.*

Ihren neu angeschafften Hausgenossen stellen Sie am besten dem Tierarzt vor, um ihn »checken« und gegebenenfalls impfen und entwurmen zu lassen. Gute Haltungsbedingungen mit täglicher Bewegung an der frischen Luft und ausreichend Betätigungsmöglichkeiten sind die beste Voraussetzung für eine gesunde Entwicklung und einen robusten, widerstandsfähigen Hund. Nicht nur wir Menschen leiden unter Zivilisationskrankheiten, es trifft manchmal auch unsere Vierbeiner. Stress und Hektik durch nicht artgerechte Haltung können den Hund unter psychischen Druck setzen, der sich in Krankheitssymptomen ausdrücken kann. Auch falsche Ernährung oder Überfütterung sind Raubbau an der Gesundheit Ihres Hundes.

## Fit und gesund

Hunde sind Gewohnheitstiere und sie lieben einen geregelten Tagesablauf, der gut für die »seelische Hygiene« ist. Aber auch die körperliche Hygiene in Form von äußerer Parasitenkontrolle, einem sauberen Lager, regelmäßigen Wurmkuren und Impfungen sind sinnvolle, vorbeugende Maßnahmen, um Ihren Hund fit und gesund zu halten. Bei der Wahl des Tierarztes sollte man einen anerkannt guten Kleintierpraktiker wählen.

# Parasiten

Auch bei sorgfältigster Pflege wird jeder Hund im Laufe seines Lebens von äußeren und inneren Parasiten befallen. Übermäßiger Befall führt zwangsläufig zu Krankheiten, die durch rechtzeitige Behandlungen verhindert werden können.

## Würmer

*Spulwurm*

*Bandwurm*

Am häufigsten treten Spul- und Bandwürmer auf, seltener Haken- und Peitschenwürmer. Gesunde erwachsene Hunde werden nicht so häufig von Würmern befallen. Spulwürmer sind als etwa 10 cm lange, weißliche, bewegliche Fäden im Kot und im Erbrochenen gut zu erkennen. Welpen werden oft von diesen Parasiten befallen. Rutscht der Hund mit seinem Hinterteil über den Boden, kann Bandwurmbefall die Ursache sein. Der Parasit verursacht Juckreiz im Analbereich. Die weißlichen Glieder des Bandwurms – sie sehen wie plattgedrückte Reiskörner aus – sind im Kot des Hundes zu erkennen. Manchmal kleben sie auch im Fell rund um den After. Bandwürmer befallen hauptsächlich erwachsene Tiere. Es gibt mehrere Bandwurmarten, von denen der – allerdings sehr selten vorkommende – Dreigliedrige Bandwurm (Echinococcus) auch für Menschen sehr gefährlich ist.

Vom Tierarzt erhalten Sie ein geeignetes Wurmmittel. Welpen werden im Alter von 3, 5, 7 und 12 Wochen entwurmt. Anschließend muss die Kur bis zum 1. Lebensjahr alle 3 Monate wiederholt werden, bei erwachsenen Hunden nur noch zweimal jährlich. Hündinnen entwurmt man am besten während der Läufigkeit.

**WICHTIG**

**Flöhe treten oft als Zwischenwirt von Bandwürmern auf. Frisst der Hund einen Floh, kann er sich mit Bandwürmern infizieren. Eine Entwurmung ist also bei der Entflohung ebenfalls angebracht. Übrigens: Hundeflöhe gehen auch an Menschen!**

## Milben

Milben können krankhafte Hautveränderungen, wie zum Beispiel Räude, auslösen. Die häufigste Milbe des Hundes, die Ohrmilbe, verursacht die Ohrräude. Auffällig ist die vermehrte Bildung von bräunlichem Ohrensekret. Die Ansteckung erfolgt von Hund zu Hund. Beim Tierarzt erhält man antiparasitäre Salben oder Lotionen, um den Milbenbefall zu behandeln.

In einigen Gebieten werden Hunde von Herbstgrasmilben im Spätsommer befallen. Die Larven sitzen im Gras und lassen sich auf ihren Wirt fallen. Als gelbe oder rote Pünktchen kann man sie auf der Haut entdecken. Die Behandlung erfolgt mit antiparasitären Waschlotionen.

*Floh*

## Flöhe

Ihre Bisse verursachen Juckreiz und der Hund beginnt sich mehr als sonst zu kratzen. Flohkot – kleine dunkle Punkte im Fell, die sich auf feuchtem Papier bräunlich-rötlich verfärben – weist auf die Anwesenheit von Flöhen hin.

Nicht nur der Hund, auch die Umgebung muss behandelt werden. Nur 1 % der Flohpopulation lebt auf dem Hund, der gesamte Rest befindet sich als Ei auf dem Liegeplatz des Tieres oder im Larven- oder Puppenstadium in Ecken und Ritzen oder im Teppich.

**TIPP** Antiflohmittel erhalten Sie als Shampoo, als Halsband, Puder, Spray oder Ampulle in der Apotheke und im Zoohandel. Bestimmte Präparate gibt es nur beim Tierarzt.

## Zecken

Sie sind blutsaugende Parasiten, die in der warmen Jahreszeit an Büschen und Gräsern haften und sich auf den vorbeistreifenden Hund fallen lassen. Ungezieferhalsbänder oder -sprays können einen gewissen Schutz bieten, wirken aber nicht immer ausreichend. In zeckenreichen Gebieten sollten Sie den Hund nach jedem Spaziergang absuchen, damit Sie die Zecken entfernen können, bevor sie sich festgesogen haben. Bleiben sie in der Haut, saugen sie sich voll Blut und erreichen die Größe einer Bohne.

Eine festgebissene Zecke entfernt man ohne Hilfsmittel wie Öl oder Lösungsmittel. Träufelt man diese Flüssigkeiten auf die Zecke, beißt sie sich nur noch stärker fest und sondert vermehrt Speichel ab. Mittels einer Zeckenzange (Zoohandel, Apotheke) fasst man die Zecke möglichst am Kopf und dreht sie nach links aus der Haut. Diese Linksdrehung ist wichtig, weil sich die Zecken rechts herum in die Haut eindrehen. Der Kopf darf auf keinen Fall in der Haut stecken bleiben, weil es sonst zu einer Entzündung kommen kann.

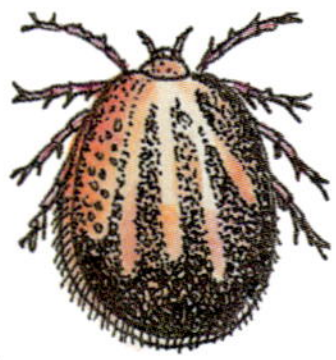
*Zecke*

Zecken sind Überträger der gefährlichen Borreliose, die Hunde und Menschen befällt. Für Hunde gibt es seit einiger Zeit einen Impfstoff gegen diese Krankheit.

# Infektionskrankheiten

Impfungen gehören zur allgemeinen Gesundheitsvorsorge und schützen den Hund vor einigen lebensgefährlichen Infektionskrankheiten, von denen etwa Tollwut und Leptospirose auch auf den Menschen übertragbar sind. Jeder Hund sollte gegen Staupe, Hepatitis, Leptospirose, Parvovirose und Tollwut geimpft werden! Vor der Impfung muss er entwurmt worden sein. Die durch die Impfung erlangte Immunität ist allerdings nur von zeitlich begrenzter Dauer. Deshalb müssen die Impfungen regelmäßig wiederholt werden.

Einen erwachsenen Hund sollte man dem Tierarzt einmal jährlich zum Impfen vorstellen. Jeder Hund erhält einen Impfpass, in dem alle Impfungen notiert werden und der bei Reisen ins Ausland an den Grenzübergängen vorgelegt werden muss.

Welpen sind durch Infektionskrankheiten besonders gefährdet, Impfungen sind lebenswichtig. Mittlerweile gibt es auch eine Impfung gegen Borreliose, eine Krankheit, die durch Zecken übertragen wird.

*Vor Impfungen muss der Hund gründlich untersucht werden. Nur gesunde Hunde dürfen geimpft werden.*

**IMPFPLAN**

| | |
|---|---|
| **1. Grundimmunisierung** | |
| 5.–6. Woche | 1. Parvovirose (P) |
| 7.–8. Woche | 1. Staupe-Hepatitis-Leptospirose (SHL)<br>2. Parvovirose |
| **2. Grundimmunisierung** | |
| 12.–14. Woche | 2. Staupe-Hepatitis- Leptospirose (SHL)<br>3. Parvovirose-Impfung |
| 14 Tage später | Tollwut (T) |
| **Wiederholungsimpfungen** | |
| Jährlich | Tollwut, Parvovirose, Leptospirose |
| Alle 1–2 Jahre | Staupe, Hepatitis |

## Häufige Krankheitssymptome

Abweichungen vom Normalverhalten sowie körperliche Veränderungen sind Warnsignale, auf die Sie achten sollten. Bringen Sie Ihren Hund sofort zum Tierarzt, wenn sich eines der folgenden Symptome zeigt:

- Fieber ab 39,5 °C, Untertemperatur ab 37,5 °C
- Erbrechen, anhaltend, mit Blutbeimengungen
- Durchfall, anhaltend, heller, pastiger Kot, mit Blutbeimengungen
- Starkes Speicheln und Würgen
- Husten, anhaltend, mit Atemschwierigkeiten
- Müdigkeit, Apathie und Appetitlosigkeit
- Heißhunger mit Gewichtsabnahme
- Stark aufgeblähter Bauch, berührungsempfindlich
- Verstopfung, vergebliche Kotabsatzversuche
- Übermäßiger Durst
- Muskelkrämpfe, Schwanken, Zittern
- Veränderungen am Auge, vermehrter Tränenfluss, Trübungen, Fremdkörper
- Ständig übler Mundgeruch
- Scheidenausfluss außerhalb der Läufigkeit
- Lahmen, Schwierigkeiten beim Aufstehen, Hinlegen, Springen
- Häufiges Kratzen am Ohr, Schiefhaltung des Ohrs, übler Geruch

**WICHTIG**

**Bei der Haltung mehrerer Hunde empfiehlt sich eine Impfung gegen Zwingerhusten:**
**1. Impung in der 6. Lebenswoche, 2. Impfung in der 9. oder 10. Lebenswoche, Wiederholungsimpfung jährlich, trächtige Hündinnen vor dem zu erwartenden Geburtstermin.**

# Fiebermessen und Medikamente

Zum Fiebermessen wird dem Hund ein leicht eingefettetes Fieberthermometer etwa 2 cm tief in den After eingeführt. Je nach Fabrikat muss man 1–3 Minuten warten, um die Körpertemperatur korrekt messen zu können. Die normale Körpertemperatur eines Hundes beträgt 38° bis 39 °C. Ab 39 °C hat das Tier Fieber, unter 38 °C Untertemperatur, was ebenfalls auf eine Erkrankung hindeuten kann.

Tabletten kann man, in Streichwurst oder Margarine versteckt dem Hund verabreichen. Zeigt diese Methode nicht den gewünschten Erfolg, legt man ihm die Tablette weit hinten auf die Zunge, hält ihm die Schnauze zu und streicht über die Kehle, um den Schluckreflex auszulösen.

Flüssige Medikamente füllt man in eine Einwegspritze ohne Nadel und führt diese seitlich zwischen den Zähnen ins Maul. Der Kopf wird etwas hoch gehalten und bei geschlossenem Maul spritzt man die Flüssigkeit auf die Zunge.

**ACHTUNG**

**Eine feuchte, kalte Nase ist kein sicheres Temperaturzeichen beim Hund. Im Zweifelsfall sollte man Fieber messen, um eine gültige Aussage zu erhalten.**

*Fieber wird im After gemessen. Eine zweite Person sollte den Hund dabei festhalten.*

# Kastration

Wer niemals Hundenachwuchs haben möchte und auch Probleme mit dem Fortpflanzungstrieb seines Hundes ausschließen will, kann ihn – sobald der Hund geschlechtsreif ist – kastrieren lassen. Hündinnen werden mit der ersten Läufigkeit zwischen 7–18 Monten geschlechtsreif, Rüden, wenn sie das Bein heben. Bei der Kastration werden dem Rüden die Hoden und bei der Hündin die Eierstöcke und die Gebärmutter entfernt. Von Vorteil ist, dass kastrierte Hündinnen nicht mehr scheinträchtig werden und von Gebärmutterentzündungen verschont bleiben. Eine frühzeitig durchgeführte Kastration vermindert auch die Gefahr von Gesäugetumoren im Alter.

Bei aggressiven Rüden kann sich eine Kastration positiv auf das Verhalten auswirken. Es ist ein Vorurteil, dass kastrierte Hunde träge und phlegmatisch werden. Normalerweise ändert sich das Wesen des Hundes durch die Kastration nicht. Allerdings sind solche Hunde bessere Futterverwerter.

**WICHTIG**

Chemische Läufigkeitsunterdrückung bei Hündinnen oder chemische Kastration beim Rüden sind gesundheitlich sehr bedenklich und sollten niemals eine Dauerlösung sein. Die Gefahr, an Tumoren zu erkranken, steigt erheblich.

**TIPP**

In seltenen Fällen führt im Alter die Kastration zu Harnträufeln. Medikamente können in vielen Fällen Abhilfe schaffen.

*Kastrierte Hunde sparsam füttern und für viel Bewegung sorgen, sonst verfetten sie leicht.*

# Was du im Umgang mit deinem Hund beachten musst

Ärgere deinen Vierbeiner nie und lass nie an ihm deine schlechte Laune aus. Er ist kein Spielzeug, sondern ein Lebewesen, das du respektieren musst. Behandele ihn so, wie du selbst behandelt werden möchtest. Dein Hund will dein bester Freund sein, dem du all deine Sorgen erzählen kannst.

Wenn du beim Essen sitzt, gib dem Hund keinen Happen, auch wenn er dich noch so hungrig ansieht. Bekommt er einmal etwas vom Tisch, wird er es immer wieder versuchen. Außerdem kann er von den Nahrungsmitteln, die dir gut schmecken und bekommen, krank werden.

Frisst dein Hund oder knabbert er an einem Kauknochen, dann stör ihn nicht. Wenn du etwas Leckeres isst und ein anderer will es dir wegnehmen, wirst du dich auch nicht darüber freuen.

Für deinen Hund ist ein Spaziergang so spannend, wie für dich ein Abenteuerfilm. Er schnüffelt überall herum, weil es so interessant nach anderen Hunden riecht. Er weiß genau, welcher seiner Freunde schon vor ihm an dieser Stelle war. Lass ihm die Freude und zieh ihn nicht rücksichtslos an der Leine hinter dir her.

Misch dich nie ein, wenn dein Hund mit einem anderen Streit anfängt. Im Eifer des Gefechtes könnte dich einer der beiden beißen.

Auch ein großer Hund ist kein Reittier. Sein Rücken ist viel zu schwach, um dich zu tragen.

# Wie viel Kraft hat dein Hund?

Große Hunde sind sehr stark, aber auch kleine Hunde haben mehr Power, als du denkst. Wenn ihr miteinander spielt, kann dir dein Hund aus Versehen wehtun. Er meint das nicht böse. Aber er kann seine Kraft nicht richtig einschätzen.

Mit diesen Spielen kannst du testen, wie viel Kraft dein Hund hat. Lass dir von einem Erwachsenen dabei helfen.

### Tauziehen

Nimm ein altes Handtuch. Du ziehst an einem Ende, dein Hund an dem anderen. Bei kleinen oder jungen Hunden musst du vorsichtig sein, damit sie sich nicht verletzten. Wer ist stärker?

### Wettlauf

Ein Erwachsener aus deiner Familie hält ein Spielzeug hoch. Du stellst dich mit deinem Hund in einiger Entfernung auf und hältst ihn fest. Auf »Los!« lässt du ihn los und läufst mit ihm um die Wette zu dem Erwachsenen. Wer ist schneller?

### Vorsicht

Gehst du mit deinem Hund an der Leine spazieren, muss immer ein Erwachsener dabei sein. Auch wenn dein Hund ganz prima erzogen ist, kann er plötzlich losstürmen. Hältst du die Leine fest, fällst du vielleicht hin. Lässt du die Leine los, läuft dein Hund vielleicht auf die Straße und wird von einem Auto überfahren oder er verursacht einen Unfall.

# Die Vorfahren aller Hunde sind die Wölfe

Vor vielen Tausend Jahren freundeten sich Menschen und Wölfe miteinander an. Vielleicht haben unsere Vorfahren Wolfsbabys großgezogen. Oder die Wölfe folgten den Steinzeitmenschen auf ihren Wanderungen durch die Wildnis und fraßen die Essensreste auf. So ganz genau weiß man nicht, wie die Freundschaft begonnen hat.

Unsere Vorfahren hatten erkannt, dass die Wölfe gute Jäger und sehr wachsam sind. Diese Eigenschaften gefielen den Menschen und sie begannen, die Wölfe für sich arbeiten zu lassen. Aus den wilden Wölfen wurden so mit der Zeit zahme Hunde.

## Wie kommt es dann, dass die Hunde so verschieden aussehen?

Zunächst einmal: Wolf ist nicht gleich Wolf. Es gibt auf der ganzen Welt rund 30 verschiedene Wolfsarten mit weißem, braunem, schwarzem, grauem oder aus all den Farben gemixtem Fell. Im kalten Norden wächst das Haarkleid dichter und länger, im warmen Süden dünner und kürzer.

Die Menschen beobachteten ganz genau, welche der zahmen Wölfe ihre Arbeit gut machten. Um immer bessere »Jagdgehilfen« zu bekommen, durften nur noch jene Wölfe Junge bekommen, die fleißig bei der Jagd halfen. Diese Wölfe waren schlank und schnell. Genauso machte man es mit jenen Wölfen, die sehr wachsam waren. Sie waren groß und stark.

Alle waren richtige Arbeitstiere. Wie sie aussahen, spielte damals keine besondere Rolle. Da aber immer nur bestimmte »Wolfs-Hunde« Junge bekommen durften, bildeten sich allmählich Gruppen mit unterschiedlichem Aussehen. So entstanden in vielen Jahrtausenden auf der ganzen Welt verschiedene Hunde.

Die meisten Hunderassen, die du heute auf den Straßen siehst, gibt es noch gar nicht lange. Vor ungefähr hundertfünfzig Jahren begannen die Menschen damit, dass immer nur die Hunde Junge bekommen sollten, die neben ihren Fähigkeiten auch ein ganz bestimmtes Aussehen hatten.

# Wer ist hier der Boss?

Zwar sieht dein Hund sicherlich nicht wie ein Wolf aus, aber es steckt noch viel von seinen Ur-Ur-Urgroßeltern in ihm. Wölfe leben im Rudel, das ist so etwas wie eine Großfamilie. Und auch dein vierbeiniger Freund will in einem Rudel leben. Da er aber wahrscheinlich der einzige Hund in deiner Familie ist, bist du mit deinen Eltern und Geschwistern für ihn sein Rudel.

Bei den Wolfsrudeln gibt es immer ein männliches und ein weibliches Leittier. Das sind besonders starke und kluge Wölfe. Diese beiden sind die Bosse, die bestimmen, was die anderen tun. Wenn sich dein Hund auch sehr stark und klug fühlt, wird er versuchen, in deiner Familie der Boss zu sein.

**Wenn ihr ihm das erlaubt, geht es bei euch so zu:** Dein Hund ist der Boss und beherrscht die ganze Familie. Er gehorcht nicht und tut, was er will. Das kann ganz schön nervig sein. Es macht keinen Spaß, etwas mit ihm zu unternehmen. Deshalb ist es so wichtig, dass dein Hund gut erzogen wird.

**So klappt das Familienleben besser:** Bei dir zu Hause sind dein Papa und deine Mama die Bosse. Der Hund tut, was sie ihm sagen. Du und der Hund stehen im Familienrudel etwas weiter unten. Deshalb wird dein Hund dir nicht immer gehorchen wollen. Das darfst du nicht dulden. Gib ihm klare Anweisungen wie »Sitz!«, »Platz!«, »Aus!« oder »Komm«, aber nur dann, wenn du auch die Zeit und Geduld hast, auf die Ausführung deiner Anweisungen zu warten. Schrei deinen Hund nicht an, sondern sprich immer mit ruhiger, normaler Stimme. Lass dir bei der Erziehung des Hundes von deinen Eltern helfen.

# Serviceseiten

**Wichtige Adressen**

*Deutschland*
Verband für das Deutsche Hundewesen e.V. (VDH)
Westfalendamm 174
44141 Dortmund
Tel. 02 31/56 50 00
Fax 02 31/59 24 40

Deutscher Hundesportverband e.V. (DHV)
Gustav-Seybrecht-Straße 42
44536 Lünen
Tel. 02 31/87 80 10
Fax 02 31/8 78 01 22

Deutsches Haustierregister
Baumschulallee 15
53115 Bonn
Tel. 0 18 05/23 14 14

Tasso-Haustierzentralregister e.V.
Frankfurter Straße 20
65795 Hattersheim
Tel. 0 61 90/93 22 14
Fax 0 61 90/59 67

Vereinigung Deutscher Haushüteragenturen e.V. (VDHA)
Feldkamp 4
48165 Münster
Tel. 0 25 01/71 71
Fax 0 25 01/2 70 72

*Österreich*
Österreichischer Kynologenverband
Johann-Teufel-Gasse 8
A-1238 Wien
Tel. 01/8 88 70 92
Fax 01/8 88 22 31

*Schweiz*
Schweizerische Kynologische Gesellschaft (SKG)
Längassstraße 8
Postfach 82 71
CH-3012 Bern
Tel. 0 31/3 06 62 62
Fax 0 31/3 06 62 60

**Weiterführende Literatur**

Brunner, Ferdinand
Der unverstandene Hund
Naturbuch Verlag 1994

Feddersen-Petersen, Dorit
Hunde und ihre Menschen
Franckh-Kosmos 1992

Mugford, Roger
Hunde auf der Couch
Kynos 1991

Mugford, Roger
Hundeerziehung 2000
Kynos 1995

Rogner, Heidi
Hundesprache
FALKEN 1998

Rogner, Heidi
Hundekinder
FALKEN 1999

Weidt, Heinz/Berlowitz, Dina
Spielend vom Welpen zum Hund
Naturbuch Verlag 1996

*Spezialtipp für Tierfreunde*
Lebendig und naturgetreu wirken Tiere auf Kohlezeichnungen von Martine Tunnat. Sie fertigt die Bilder nach Fotos an. Ein Porträt (Format 30x40 cm) kostet 170 Mark (86,70 €) plus Versandkosten.
Anschrift:
Martine Tunnat
Weiherstraße 2, 71546 Aspach
Tel. 0 71 91/2 09 75
Fax 0 71 91/2 33 64

Sie finden uns im Internet unter www.falken.de

Dieses Buch wurde auf chlorfrei gebleichtem und säurefreiem Papier gedruckt.

Der Text dieses Buches entspricht den Regeln der neuen deutschen Rechtschreibung.

ISBN 3 8068 2552 4



*Titelbild:* W. Redeleit, Bienenbüttel
*Umschlagrückseite:* W. Redeleit, Bienenbüttel
*Fotos:* U. Schanz, München: S. U2/1, 2/3, 5, 11, 17, 19, 20, 27, 31, 33, 36, 43, 48; W. Redeleit, Bienenbüttel: alle weiteren Bilder
*Zeichnungen:* U. Farkas-Dorner, Plouray/Fankreich; E. Wagendristel (Kinderseiten), Berlin



*Druck:* Appl, Wemding

817 2635 4453 6271

# Register

# Erste Hilfe

**Ratschläge für den Notfall:**

- Bleiben Sie unbedingt ruhig und besonnen!
- Unterbinden Sie jede Fluchtmöglichkeit!
- Bringen Sie den Hund schnell aus der Gefahrenzone!
- Legen Sie den Hund auf die unverletzte Seite!
- Beruhigen Sie den Hund mit leiser Stimme!
- Legen Sie dem Hund eine Schnauzenbinde an, wenn er Schmerzen hat!
- Fahren Sie auf dem schnellsten Weg zum Tierarzt!

### Extra-Tipp

Notieren Sie sich auf einem Zettel, den Sie immer – auch bei jedem Hundespaziergang – bei sich tragen, Telefonnummer und Sprechstundenzeiten Ihres Tierarztes, der nächstgelegenen Tierklinik, des tierärztlichen Notdienstes und eines Taxiunternehmens (Tiertaxi), das auch verletzte Tiere befördert.

### Schnauzenbinden

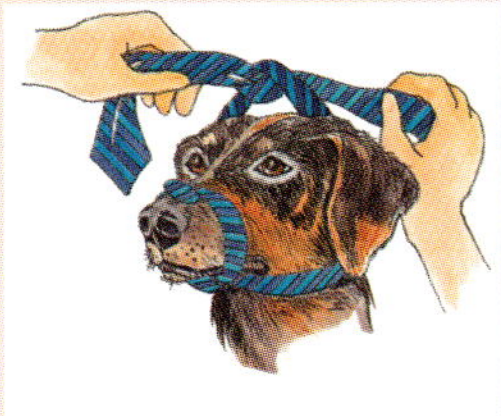

Auch der liebste Hund kann Sie beißen, wenn er starke Schmerzen hat. Um ihm helfen zu können, müssen Sie ihm die Schnauze zubinden. Sie brauchen dazu eine etwa 1 Meter lange Binde (Krawatte, Schal, Stoffgürtel). In der Mitte einen Knoten machen und wie auf der Zeichnung zu sehen um die Schnauze legen, unter der Schnauze kreuzen und hinter dem Kopf verknoten. Die Nase muss frei bleiben.

## Erste Hilfe bei offenen Wunden

- **Pulsierende Blutungen an Gliedmaßen:** Das Bein oberhalb der Ferse oder des Ellenbogens, jedenfalls oberhalb der Wunde, mit einem elastischen Material (Schal, Strumpf) abbinden. Alle 20 Minuten lockern, damit das Bein nicht abstirbt.
- **Blutungen am Körper:** Wunde mit sauberen Papiertaschentüchern abdecken und um den ganzen Körper einen Druckverband anlegen.
- **Leichte Blutungen:** Mit einem sauberen Papiertaschentuch einige Minuten auf die Wunde drücke und nach Möglichkeit die verletzte Stelle kühlen. Verband anlegen.
- **Blutige Verletzungen an den Zehen:** Die Zehenzwischenräume auspolstern (Watte, Papiertaschentücher) und die Pfote verbinden.